中公文庫

秘録 東京裁判

清瀬一郎

中央公論社

目次

秘録　東京裁判

終戦時の表情

思い出す終戦の日

七月二十六日、ポツダム宣言のビラが上空からまかれた。あれからもう二十余年になる。過去二十余年の間、毎年八月が一度はめぐってくる。八月になると、終戦の時が思い出されてならぬ。沖縄を死守していた日本軍が全滅したのは、忘れもせぬ六月の二十一日であった。次はいやでもおうでも、日本本土の決戦である。連合軍は、その準備のためでもあろうか、連日、国内の都市に対し、無差別爆撃を実行した。

沖縄失陥の翌日である六月二十二日に、政府（鈴木貫太郎内閣）は議会の協賛を経て、戦時緊急措置法なるものを発布した。政府は、これは本来、旧憲法第三十一条の非常大権を発動すべきところだが、議会尊重の立場から立法形式によったものであると説明した。それから二日たって「義勇兵役法」を通過せしめた。本土決戦を予期してのことであることは、むろんである。翼賛政治会はこれよりさき「大日本政治会」と改名し、各府県に支部を置いた。府県の分断を予期してのことである。大日本政治会の総裁は、南次郎陸軍大将がこれにあたった。もし本土決戦のための義勇軍が編成されたならば、南将軍がその総指揮に当たってもらう含みであった。

かくのごとく、議会も相当重大決意をしたのであるが、当時は議員も戦争に慣れてしまい、そう興奮もしなかった。国会は閉会になったが、東京では、この春以来の爆撃で集まるような建て物もなくなったので、議員幹部は毎日議事堂に集まり、協議なり、また情報の収集をしていた。かくしているうちに、七月二十六日に、米軍飛行機がどっさり小型のビラをまいた。試みに、用務員をして拾ってこさせた。

その時は「何だい、日本に降参せよというのか。フザケていやがる」といったが、よく考えてみれば重大な問題だ。

これよりさき、近衛公をソ連に送り、ソ連の仲介で戦争終結をしようと図ったことのあるのは、議会側でも知っている。しかし、この時まかれたビラでは、わが国の国体、すなわち皇室の存否、その権能のことが一つもない。日本人としては、何とも答えようがない。新聞も何とも評することができなかった。鈴木首相も、南総裁も沈黙を守り、ポツダム宣言はこばむのだとも、受諾するのだとも言わなかった。

連合軍のほうでは、日本のこの態度を拒否ととったのであろう。八月六日に、広島にひどい爆弾を落とした。議会でも、その性質がいっこうわからなかった。その時の日本での物理学の第一人者、仁科芳雄博士に頼んで、広島へ飛行機でとんでもらって、この爆弾の性質を調べてもらうこととなった。

仁科博士は、これは原子爆弾というものであると報告された。これを防御する方法は知られていないが、これから出る放射線が人体に害を与えるのだから、窓は白いカーテンに取り代えるがよかろう、というので、議事堂のカーテンを白にかえたことがあると記憶している。それはともかく、防ぐ方法がないということならば、これはよく考えなければならぬ、というのが議員仲間の感じであった（あとでわかったことではあるが、米国で原爆の実験に成功したのは七月十六日で、米軍手持ちの原爆は広島に投下のものと、長崎に投下のものとの二つだけであったそうである）。

広島に原爆が投ぜられたのは八月六日、それから七日、八日を経て九日には長崎に同様の爆弾が投ぜられた。

同日ソ連は中立条約を破棄して、満州国にあった関東軍を攻撃した。宮中でも御前会議が開かれた。議会でも総裁室（今の自民党の幹事長室）で南総裁、金光庸夫君、前田米蔵君、大麻唯男君、私などが集まって、ポツダム宣言をのむべきかどうかを協議した。これを拒絶してしまえという論は一つもなかったが、さて、わが国体をどうするか。連合国が皇室をどうするつもりであろうかがわからぬので、確定の決断をしかねた。

一方、御前会議のほうでは終戦に決したが、それでも、連合国がわが国体をいかに考えているかが不安なので、八月十日付けで、中立国スイスを通じ「ポツダム宣言は受諾するが、これはこの宣言が天皇統治権の変更を要求するものでないと信ずるからである。この了解でよいのか、すみやかに表明されたい」と連絡した。

同十三日に、連合国は「天皇も政府も最高司令官の下に在《あ》る」と返事して来た。この返事に対しては、こちらは何とも言わなかった。天皇が最高司令官の下に在るとは残念だが、下にでも横にでも在るということがきまれば皇室をつぶすことはなかろうというので、これで皇室は存続を保証されたのだ、と南総裁に申し上げたのをおぼえている。それから十五日の玉音放送となり、平和は回復した。

その後、連合国は皇室に対して、はなはだしく無礼なこともしなかった。九月二日、ミズーリ艦上でポツダム宣言に基づく降伏文書に署名することになった時も、連合国は天皇陛下の御署名は要求しなかった。政府代表の重光葵と、軍代表の梅津美治郎だけですんだ。

情報局総裁の総理あて手紙

下村海南（名は宏）は昭和二十年四月の鈴木貫太郎内閣に国務大臣、情報局総裁として入閣した。この人はその後昭和三十二年に没せられたのであるが、その七年祭にこの内閣の同僚であった左近司政三氏から、

「ここに下村君から終戦の折にもらった鈴木首相あて手紙の写しがある。人の名もあるので、今まで発表しなかったが、今日は、皆さんにお知らせしてよい時期だと思うから、読み上げます」

と前置きして披露された。私は石井光次郎君より、その写しをもらった。この下村の手紙の日付けは、昭和二十年五月二十六日となっているから、連合国空軍の宮城爆撃の翌日にしたためられたものである。その後のポツダム宣言受諾決定や、終戦詔勅の渙発《かんぱつ》等はそれより

二か月も後のことである。

「粛啓、人事無情、今日アリテ、明日アルヲ知ラズ、何日如何ナル処ニテ、先立チ候ヤモ計リガタク、左アリテハ、菲徳《ひとく》短才、何等御期待ニ添フ能ハザリシダン、誠ニ申訳ナキ仕儀ナルモ、天ノ命ズル処、又、如何トモスル事能ハズ、御海容被下度候、剣ヲ抜クハ易ク、之ヲ納ムルハ難シ、然カモイツカ、之ヲ納メザルヲ得ズ、惟フニ時至ラバ帝国ノ将来ヲ軫念アラセラレ玉ヒ御英断ヲ下シ玉ハルコトト拝察セラル、此ノ如クニシテ皇室ハ長《とこし》ヘニ、一億ノ国民アゲテ其堵ニ安ンズルコトヲ得ルコトト存ジ候、若シソノ機ヲ失センカ、我ハ再ビ起ツ能ハザルノミナラズ、国民又内ヨリ解体瓦崩シ、金甌《きんおう》無欠ノ国体モ危殆ニ陥ルコトナキヲ保セズ候、政治ノ要諦ハ冷静ニ検討シテ、之ガ判断ヲ誤ラズ、時機ヲ失セザルニアリ、今日ハ一身ヲ捧グルガ如キ一些事ヲ以テ、其責ヲ免レ得ベキ秋《とき》ニアラズ、閣下ニハ最終内閣ノ名ニ背カズ、熟慮断行、邦家ノ将来ヲ達観シ、長ヘニ皇運ヲ扶翼《ふよく》シ奉リ、万民ヲ安ンゼラレンコトヲ

一、イヅレハ渙発セラルベキ詔勅ハ古今ニ亘リテモトラズ、東西ニ通ジテ誤ラズ、日本国民ハモトヨリ、大東亜十億ノ民族ニ、更ニ広ク世界人類ニ対シ、高遠ナル理念ヲ宣明セラルルコトヲ念願シ奉ル

一、重臣懇談会ハ之ヲ廃止シ、首相ハ重臣ト個別ニ会見シ忌憚ナキ意見ノ交換ヲ為スコト

一、私心ナク朋党《ほうとう》ヲツクラズ、永ク国政ノ重任ニアリ宮中ニ咫尺《しせき》シタル牧野伸顕伯ヲシテ時々宮中へ伺候ノ道ヲ開クコト

一、野村吉三郎大将ヲハジメ、各国各方面ニ因縁ヲ有スル駒ヲ充分ニ活用スルコト

一、三国同盟及ビ大東亜戦ニ干与セル左記重臣ハコトココニ至ル、宜シクソノ進退ヲ明ニスルコト

近衛公爵
東条大将
杉山元帥
島田大将
永野元帥
松岡前外相

ハ引退スベク、軍籍ニ在ル者ハ之ヲ辞退スルコト

昭和二十年五月二十六日

下村　宏

鈴木内閣総理大臣閣下」

この手紙に引退すべしと指名された六人は、いずれも終戦までには引退しなかったが、終戦後、戦犯と指定された近衛公爵と杉山元帥の両人は自殺し、永野、松岡両人は戦争裁判中

病死し、東条、島田両人は戦争裁判法廷に出席し、十分に日本の立場も、陛下のお立場もこれを弁明した。

本進言書が出来たのは上述のごとく昭和二十年の五月末であり、それより、六月、七月の二月を経て、七月二十六日のポツダム宣言、原子爆弾投下、ソ連参戦を経てポツダム宣言趣旨につき、八月九日に天皇の国家統治権を害せざるやを質問、十三日朝ある種の答えを得、八月十四日の御前会議となった。参謀総長、軍令部総長及び陸軍大臣よりは、連合国の返事ではははなはだ不安である。かくのごとき不安の状況において戦争を終結するよりは、むしろ死中に活を求め、戦争を継続するにしかざる旨申し上げた。三名の意見開陳後、陛下は、「他に意見がないならば、自分が意見をいう。卿らは自分の意見に賛成してほしい。自分の意見は去る九日の御前会議に示したところと何ら変わらない。先方の回答もあれで満足してよいと思う」

とおおせられた（この表現は迫水久常書記官長による）。下村情報局総裁の進言中「惟フニ時至ラバ帝国ノ将来ヲ軫念アラセラレ玉ヒ御英断ヲ下シ玉ハルコト」と言った時が至って、御英断を下したまわったことに相当する。

かくて、同日午後十一時終戦の大詔は渙発せられた。これは下村進言の「渙発セラルベキ詔勅ハ古今ニ亘リテモトラズ、東西ニ通ジテ誤ラザル」ものであるに該当する。この詔勅は陛下の御声にて放送することとなり、下村情報局総裁以下技術員は直ちに宮中に参内。十二時過ぎごろ無事にこれを終わった。軍の内ではこれを取り返さんとはかった者もあったが、幸いにその所在をつき止め得ず、十五日正午の玉音放送となったのである。

涙をもって拝聞する玉音放送

終戦最後の時のことは、大混乱の時であったから、出来事の前後など思い違いが多い。今日、改めて当時の新聞なり、関係者の談話なりを整理してみると次のようになる。

(1) 八月九日。午後十一時半より翌十日の午前二時まで宮中防空壕にて御前会議。

(2) 八月十日。前記御前会議の決定に基づき、スイスを通じ連合国に対してポツダム宣言は天皇統治の権を害せずとの了解のもとに、これを受諾す。この解釈が正しきか否かの返答を求む。

(3) 八月十三日朝。連合国の回答到着。天皇及び政府の統治権は、連合軍最高司令官の制限の下に置かるべしという。同日午後一時より閣議――七時休憩。

(4) 八月十四日。午前十時閣議のため閣僚は首相官邸に集まったところに、天皇のお召しがあり、平服にて宮中に参入。宮中の防空壕で最後の御前会議。終戦決定。明十五日正午に、天皇御肉声にて、じかに国民に終戦を告げられることに御決定。ここで終戦の詔書起草を要する。

当時内閣書記官長であった迫水久常氏の語ったところによると、同氏が主任としてこの詔書起草に着手したのであるが、あらかじめ、草案起草の下命あることを予想し、去る九日の御前会議の御言葉そのままを基礎としてすでに一案を草していた。それにさらに本日（十四日）の御前会議の御言葉をもって修正増補し、安岡正篤、竹田瑞穂の諸先生、田尻大東亜次官、木原通雄君等の助力を得て、用語、表現、体裁を整えて起草を了し、閣議の承認を経て御前に提出した。時に同日午後九時であった。

かくて午後十一時大詔は渙発され、直ちに連合国に対しポツダム宣言を受諾する旨が通告せられたのである。

今回の終戦の詔書は、いわば前後二回にわたる御前会議における陛下の御言葉を、そのまま文語体に書き改めたものといってよい。その点を知って、どうかもう一度詔書を読み直していただくならば、陛下の深き御仁慈は一層国民の胸に明らかになり、日本再建の方向が与えられ、それに対する熱烈な意思力は、自ら国民の中に沸き上がるであろう（以上迫水氏の「降伏時の真相」より引用）。

同夜ただちに録音せらるべき旨御沙汰《さた》があったので、下村情報局総裁以下技術員は宮中に参入、十二時過ぎ無事に録音を終了した。しかし、この録音盤がそのまま十五日午前に使用できたのではない。

同夜、果然、一大事が起こった。参謀本部軍務課、近衛師団の青年将校は前日来の廟議の方向を知り、降伏に反対し、本土決戦を主張し、この録音盤を取り返し、宮城の各門を占拠し、陛下の御翻意を乞《こ》わんと悲壮の決心をした。宮城の北部、今では武道館や科学技術館のある所が近衛師団の所在である。青年将校らは十四日中、先ず師団長森中将にこの旨を告げ、奮起を求めたが、中将はこれを峻拒《しゅんきょ》して譲らず。そのため先ずこれをピストルをもって射殺し、同室より偽造の師団長命令を流して夜中宮城各門を占拠し、録音の仕事を終わって退下する情報局総裁や技術員等を逮捕し、皇宮警察に封じ込めた。しかし録音盤の所在はつきとめることができなかった。

(5) この報が東部軍司令部（後に進駐軍司令部となった日比谷の第一生命ビルにあった）に伝わるや、司令官田中静壱大将は単身数名の憲兵を引き連れ、十五日夜あけを待ってお濠を迂回し、大手門、竹橋の街路を通って近衛師団に乗り込み、青年将校の一部を逮捕し、乾門《いぬいもん》より宮中に参入、諸宮門をわが手に収めて叛徒を退散せしめた。さらに皇宮警察中に封じ込められていた情報局総裁らや、宮内省に軟禁せられていた蓮沼侍従武官長らを釈放して事態を収拾し、陛下に御安堵あらんことを奏上した。事を起こした青年将校らは、師団長室と宮城前広場松林中でおのおの自決した。

かくて録音盤は保全せられ、何事もなかったかのごとく十五日正午には聖旨伝達の任務を果たした。田中静壱大将自身は、東部軍司令官としての任務を尽くしたとして、八月二十四日司令部自室で自決せられた。詔書の全文を記せば次のごとくである。

詔　書

朕《ちん》深ク世界ノ大勢ト帝國ノ現状トニ鑑ミ非常ノ措置ヲ以テ時局ヲ収拾セムト欲シ茲《ここ》ニ忠良ナル爾《なんじ》臣民ニ告ク

朕ハ帝國政府ヲシテ米英支蘇四國ニ對シ其ノ共同宣言ヲ受諾スル旨通告セシメタリ

抑《そもそも》、帝國臣民ノ康寧ヲ圖リ萬邦共榮ノ樂ヲ偕《とも》ニスルハ皇祖皇宗ノ遺範ニシテ朕ノ拳々措カサル所曩《さき》ニ米英二國ニ宣戰セル所以《ゆえん》モ亦《また》實ニ帝國ノ自存ト東亞ノ安定トヲ庶幾《しょき》スルニ出テ他國ノ主權ヲ排シ領土ヲ侵スカ如キハ固《もと》ヨリ朕カ志ニアラス然ルニ交戰已《すで》ニ四歳ヲ閲《けみ》シ朕カ陸海將兵ノ勇戰朕カ百僚有司ノ勵精朕カ一億衆庶ノ奉公各、最善ヲ盡セルニ拘ラス戰局必スシモ好轉セス世界ノ大勢亦我ニ利アラス加之《しかのみならず》敵ハ新ニ殘虐ナル爆彈ヲ使用シテ頻《しきり》ニ無辜《むこ》ヲ殺傷シ慘害ノ及フ所眞ニ測ルヘカラサルニ至ル而《しか》モ尚交戰ヲ繼續セムカ終ニ我カ民族ノ滅亡ヲ招來スルノミナラス延《ひい》テ人類ノ文明ヲモ破却スヘシ斯《かく》ノ如クムハ朕何ヲ以テカ億兆ノ赤子ヲ保シ皇祖皇宗ノ神靈ニ謝セムヤ是レ朕カ帝國政府ヲシテ共同宣言ニ應セシムルニ至レル所以ナリ

朕ハ帝國ト共ニ終始東亞ノ解放ニ協力セル諸盟邦ニ對シ遺憾ノ意ヲ表セサルヲ得ス帝國臣民ニシテ戰陣ニ死シ職域ニ殉シ非命ニ斃《たお》レタル者及其ノ遺族ニ想ヲ致セハ五内《ごだい》爲ニ裂ク且《かつ》戰傷ヲ負ヒ災禍ヲ蒙《こうむ》リ家業ヲ失ヒタル者ノ厚生ニ至リテハ朕ノ深ク軫念《しんねん》スル所ナリ惟《おも》フニ今後帝國ノ受クヘキ苦難ハ固《もと》ヨリ尋常ニアラス爾臣民ノ衷情モ朕善ク之ヲ知ル然レトモ朕ハ時運ノ趨ク所堪ヘ難キヲ堪ヘ忍ヒ難キヲ忍ヒ以テ萬世ノ爲ニ太平ヲ開カムト欲ス

朕ハ茲《ここ》ニ國體ヲ護持シ得テ忠良ナル爾臣民ノ赤誠ニ信倚《しんい》シ常ニ爾臣民ト共ニ在リ若シ夫《そ》レ情ノ激スル所濫《みだり》ニ事端ヲ滋《しげ》クシ或ハ同胞排擠《はいせい》互ニ時局ヲ亂リ爲ニ大道ヲ誤リ信義ヲ世界ニ失フカ如キハ朕最モ之ヲ戒ム宜《よろ》シク擧國一家子孫相傳ヘ確《かた》ク神州ノ不滅ヲ信シ

任重クシテ道遠キヲ念《おも》ヒ總力ヲ將來ノ建設ニ傾ケ道義ヲ篤クシ志操ヲ鞏《かた》クシ誓テ國體ノ精華ヲ發揚シ世界ノ進運ニ後レサラムコトヲ期スヘシ爾臣民其《そ》レ克《よ》ク朕カ意ヲ體セヨ

御名御璽

昭和二十年八月十四日

各國務大臣副署

東条自決

周到な用意と失敗

昭和二十年九月十一日、東条大将が自殺しそこない、大森の戦犯収容所へ収容されたという報道があった。そのころ東条は日本一の不評判な人であったことも手伝って、新聞などには誹謗的な記事が満載された。いやしくも、陸軍大将ともあろう者が自殺できぬはずがない、これはわざとそっぽを撃って自決したようなまねをして、実際は助かろうとしたのであろう、軍人でもやはり命が惜しいんだなあ、というような記事であった。しかし、真相はそんなことではない。

私はそのころはまだ東条大将の弁護人にはなっていないから、以下の記事は東条大将と懇意な弁護士で、後には一時私と共に東条大将の共同弁護士になった塩原時三郎君から聞いたことが骨子であり、時の陸軍大臣下村定氏より伝えられたところにより、これを訂正したものである。

東条大将の家は、東京都世田谷区玉川の用賀というところにあった。昭和二十年九月ごろから、戦犯の呼び出しが始まった。そこで法廷にでることをいさぎよしとしない人は、順次自殺していった。東条大将もむろん自決するだろうということは、だれもが想像するところであった。

下村定氏は東条自決決意のことを聞いたので、九月十日同氏に陸軍省への来庁を求め、約一時間にわたって翻意を要望したが、東条大将は「自分は皇室および国民に対して最も重大な責任がある。このおわびは死をもってするほかはない。国際裁判のためには詳細な供述書を作り、目下清書中であるから、自ら法廷に立つ必要はない」と言って、なかなか承知しないので、下村氏は、さらに「供述書は出されても、審理の経過中、戦争責任の問題が鋭く追及され、そのため万一、陛下にご迷惑をおよぼすごときことが起こっては申しわけないではありませんか」と話されたところ、東条氏は「それは一応もっともだ。しかし自分は死なねばならぬ理由が今一つある。戦争中に自分が公布した戦陣訓中の一句——俘虜《ふりょ》の辱めを受くるよりも死をえらべ——を自ら破ることはできない」と主張されるので、下村氏は「戦場で軍人がおのれの意志で俘虜になる場合と、国の決定に従って国民が降伏した場合とは事が違うと思う。またアメリカが容疑者を辱めるような行為をするとは思われない」と反論した。このとき東条大将は「考え直す」といわれ、下村氏はこのとき閣議で呼びに来たので、再会を約して二人はわかれたのであった（以上は昭和四十一年六月十一日、下村元大将の口演による）。

（注＝戦陣訓第八章にはつぎのごとくある。「恥を知る者は強し。常に郷党家門の面目を思い、愈々奮励してその期待に答ふべし。生きて虜囚《りょしゅう》の辱を受けず、死して罪禍の汚名を残すこと勿《なか》れ」）

自決する場合は、頭でも射とおすのが一番確実だが、しかし連合軍は遺体を写真にとったり、みにくい姿を世間に示すであろうからやはりりっぱに死ななければならない。向かいに住んでいた鈴木医学博士に相談して心臓を撃つこととし、心臓の所を墨でしるしをしてもらった。ピストルは古賀少佐（東条の女婿）が、これより先、八月十五日に玉音放送をきいて自殺した時に使った軍用銃で、当日東条はこれをからだにつけていた。

当日（九月十一日）は、必ず呼び出しか、あるいは逮捕に来ると思い、朝九時過ぎから玄関をはいって左側の応接室兼書斎で、心待ちに待っていた。勝子夫人には草取り女のようなふうをさせて、庭の木陰にかがんでいるように指示された。呼び出しは、ほかのところへは、もれなく日本政府を通じて書面で交付されたのであったが、どういう都合であったか、東条邸へはGHQから直接憲兵を差し向けた。

午後四時ごろだった。逮捕隊のほかに、多数の新聞記者がついてきた。その当時、アメリカの通信、新聞社の記者はすべて軍服の型をした洋服を着用することになっていた。そこで東条は、やはり俘虜としての逮捕に来たのだなと感じ、応接室の窓からこれを確かめるために二言三言話してみたが、言葉が通じない。しばらくすると、応接間のドアをけ破って室内にはいろうとする様子があったから、間違いなくこれは俘虜として逮捕するものと合点し、間髪をいれず、急所を撃ち貫いたのであった。

ズドンと響く瞬間に、庭におられた勝子夫人は、応接室に向かって合掌した。しかるに、弾丸は心臓をかすっただけで、貫通してしまった。老人であるから胸の皮がたるんでいたものであろうか、弾丸は心臓の中心部に的中せず、東条は血まみれになって応接室の椅子に倒れた。

憲兵はただちに医者をさがした。その医者は前夜、心臓の場所にしるしをつけてくれた鈴木博士である。博士はすぐに来るには来たが、薬もほうたいも病院に置いてあるから、ここでは何とも仕方がないといって、別段の介抱をしなかった。そこで憲兵は無線電話で、米軍軍医を呼んだ。その間相当の時間があったが、東条は息を引きとっていない。米軍軍医は傷のところに血液の粉末のようなものをぬり、ほうたいをして病院に運んだ。そこで経過がよく、ついに回復して東京裁判に臨むことになった。その結果、法廷で、

「今回の戦争開始の責任は、もっぱら自分一人にある。天皇陛下は平和を好まれる方であった。しかし戦争自体は日本国自衛のための正しき戦争であったが、もし連合国が敵を報復処罰せんとするならば、自分を重く処罰せよ。陛下を喚問し、また証人とするのは絶対反対である」

と述べることができたのである。昭和二十三年四月十二日に東条が私に書き贈った句には、

身に浸みて嬉しき今日の春日和

とある。

【付記】この事件のあった前日、東条大将にインタビューし、また逮捕隊に随行したロバート・ビュトーという人が『東条英機』（木下秀夫氏訳、二冊）という本を書いている。その下巻二二〇ページ以下に、この事件のアメリカ側観察がしるされている。

自殺決心時の遺言

本物語りの後半に、私は「かえらぬ遺言」として東条元大将が処刑の数時間前に花山師に公事に関する遺言だとして提示された遺書があったこと、花山師は、あるいは検閲にひっかかるかもしれぬからと思い、東条にゆっくり読んでもらって、これを摘記し、同日午後私に告げたものがあること、並びにその内容を私ができるだけ正確にしたためたものを紹介するが、福岡県に住んでおられる人で、自分は東条遺言の複写を持っていると通信せられた。私はその人にどうかお持ちの遺言写しなるものを見せて下さい、大切なものであるから、一見のうえ直ちにお返しすると申し込んだ。これを諾して送られた書は次のごとくである。

東条英機ノ遺書

英米諸国人ニ告グ

今ヤ諸君ハ勝者タリ、我邦ハ敗者タリ。此ノ深刻ナル事実ハ余固ヨリ之ヲ認ムルニ吝《やぶさか》ナラズ。然レドモ諸君ノ勝利ハ力ノ勝利ニシテ、正理公道ノ勝利ニアラズ。余ハ今茲《ここ》ニ諸君ニ向テソノ事実ヲ歴挙スルニ遑《いとま》アラズ。然レドモ諸君若シ虚心坦懐公平ナル眼孔ヲ以テ、最近ノ歴史的推移ヲ観察セバ、思半ニ過グルモノアラン。我等ハ只ダ微力ノ為ニ正理公道ヲ蹂躪セラルルニ到リタルヲ痛嘆スルノミ。如何ニ戦争ハ手段ヲ択《えら》マズト言フモ、原子爆弾ヲ使用シテ、無辜《むこ》ノ老若男女ヲ幾万若クハ十幾万ヲ一時ニ鏖殺《おうさつ》スルヲ敢《あえ》テスルガ如キニ至リテハ、余リニモ暴逆非道ト謂《い》ハザルヲ得ズ。

若シ這般《しゃはん》ノ挙ニシテ底止スル所ナクンバ、世界ハ更ニ第三第四第五等ノ世界戦争ヲ惹起《じゃっき》、人類ヲ絶滅スルニ到ラザレバ止マザルベシ。

諸君須《すべか》ラク一大猛省シ、自ラ顧ミテ天地ノ大道ニ対シ愧《はず》ル所ナキヲ努メヨ。

日本同胞国民諸君

今ハ只ダ承詔必謹アルノミ。不肖復《ま》タ何ヲカ謂ハン。

但《た》ダ、大東亜戦争ハ彼ヨリ挑発セラレタルモノニシテ、我ハ国家生存、国民自衛ノ為、已ムヲ得ズ起チタルノミ。コノ経緯ハ昭和十六年十二月八日宣戦ノ大詔ニ特筆大書セラレ、炳乎《へいこ》トシテ天日ノ如シ。故ニ若シ世界ノ公論ガ、戦争責任者ヲ追求セント欲セバ、其ノ責任者ハ我ニ在ラズシテ彼ニ在リ、乃《すなわ》チ彼国人中ニモ亦《ま》タ往々斯《か》ク明言スルモノアリ。不幸我ハ力足ラズシテ彼ニ輸シタルモ、正理公義ハ儼《げん》トシテ我ニ存シ、動カス可カラズ。

力ノ強弱ハ決シテ正邪善悪ノ標準トナス可キモノニアラズ、人多ケレバ天ニ勝ツ、天定レバ人ヲ破ル、是レ天道ノ常則タリ。諸君須ラク大国民ノ襟度《きんど》ヲ以テ、天定ル日ヲ待タレンコトヲ。日本ハ神国ナリ。永久不滅ノ国家ナリ。皇祖皇宗ノ神霊ハ畏クモ照鑑ヲ垂レ玉フ。

諸君、請フ自暴自棄スルナク、喪神落胆スルナク、皇国ノ運命ヲ確信シ、精進努力ヲ以テ此ノ一大困阨《こんやく》ヲ克服シ、以テ天日復明ノ時ヲ待タレンコトヲ。

日本青年諸君ニ告グ　日本青年諸君、各位。

我ガ日本ハ神国ナリ。国家最後ノ望ハ繫《かか》リテ一ニ各位ノ頭上ニアリ。不肖ハ諸君ガ隠忍自重、百折撓《たゆ》マズ気ヲ養ヒ、胆ヲ練リ、以テ現下ノ時局ニ善処センコトヲ祈リテ熄《や》マズ。

抑《そもそ》モ皇国ハ不幸ニシテ悲境ノ底ニ陥レリ。然レドモ是レ衆寡強弱ノ問題ニシテ、正義公道ハ始終一貫我ニ存スルコト毫《ごう》モ疑ヲ容《い》レズ。

而シテ幾百万ノ同胞、此ノ戦争ノ為メニ国家ニ殉ジタルモノ、必ラズ永《とこし》ヘニ其ノ英魂毅《き》魄《はく》ハ国家ノ鎮護トナラン。殉国ノ烈士ハ、決シテ徒死セザルナリ。諸君、冀《ねがわ》クバ、大和民族タルノ自信ト矜《きょうじ》持トヲ確把《かくは》シ、日本三千年来、国史ノ指導ニ遵《したが》ヒ、忠勇義烈ナル先輩ノ遺《い》躅《ちょく》ヲ追ヒ、以テ皇運ヲ無窮ニ扶翼シ奉ランコトヲ。是レ実ニ不肖ノ最後ノ至願ナリ。

惟《おも》フニ今後強者ニ跪《き》随《ずい》シ、世好ニ曲従シ、妄誕ノ邪説ニ阿附雷同スルノ徒、鮮《すくな》カラザルベシ。然ドモ、諸君ハ日本男子ノ真骨頂ヲ堅守セヨ。

真骨頂トハ何ゾ。忠君愛国ノ日本精神是レノミ。

（原文のまま）

私はこの文書につき二か月あまり研究をした。第一に手がかりとなったのは、前記のロバート・ビュトー著『東条英機』上、下二巻である。その下巻二二三ページに東条自決の光景

を描写し、その終わりに、

「ウイルバース（東条家正面玄関のとびらのかぎをこわして進入した中尉）は東条の机上にあった文書と前日の日付けの『最後の声明』を押収した」

との記事がある。本件文書がそれではあるまいか。ビュトー氏は一九四五年九月十一日、新聞記者として逮捕隊に同行し、自身の見聞により右事実を執筆している。それのみならず、東条将軍のような立場にあった人が、すでに数日前から自殺を決意しているのに、遺書または声明のなきはずがない。

この見地から研究をつづけたところ、今日、確実な信用すべき人から、それは自決時の遺言に相違ないことを確かめ得た。文意は東条発想のものに相違ないが、文飾は、当時日本言論文筆及び史学界の最長老某氏の添削を経たものであることの証言を得た。この人自身が長老宅と東条宅との間をこの案文を携えて往復している。

これで終戦より東京裁判にかけての歴史の欠漏《けつろう》を補充することができた。

弁護申し出る人がなく

私の友人たちから「なぜ君が東条の弁護を引き受けることになったのか。君は昔、田中義一大将をやっつけてから、陸軍の連中とはあまりよくなかったのではないか」というような質問を受けることがあった。だから私事にわたるようなことだが、一度書いておくほうがよかろう。

今はたしかな日は忘れたが、戦争の末期に陸軍法務中将大山文雄君の発起で、陸軍省に国際法の顧問団を嘱託したことがあった。そのメンバーは元海軍大学の国際法の先生であった信夫淳平君、日本で著名な外交史の専門家である田村幸策君および私であった。私は戦前は国会で外交問題を論じたことが多かったので、そのわけで委嘱されたのかもしれぬ。

集会の場所は陸軍大臣副官の官舎で、つい先ごろまで残っていた。国会議事堂の北側で、伊藤公の銅像の東に下るところ。われわれは一週間に一ぺんぐらいであったと思うが、ウェストファリア条約から後の終戦条約、わけても第一次欧州戦争を終結させたベルサイユ条約などについて、綿密な研究を続けたのであった。

そのうち、七月二十六日に連合軍が東京にポツダム宣言を日本文に翻訳したビラをまいてきたから、これについても熱心に研究をしたのであった。

その後、日本の降伏が決まり、マッカーサー司令官が到着して一週間ほど後から、戦犯容疑として被疑者を続々と召喚した。その大部分が陸軍関係の者であった。大山法務中将は職務上やはり、このお世話をしなければならぬ。それで中将は、さきの国際法顧問団に、どうしたらよかろうかと相談をした。

連合国は、どんな方法で裁判をするのかさっぱりわからなかったが、ニュルンベルクでも被告に弁護人をつけることを許している。英米流の裁判をしようと思えば、弁護士を認めるのみならず、弁護人と被告との面会も必ず許すだろうと考えた。顧問団のうち、清瀬は現職の弁護士だから、陸軍関係の容疑者全部にわたってひとまず清瀬を弁護人として届け出て、そのうちに日がたつにしたがって、本人や家族の方々が他の日本の弁護士をそれぞれの関係によって選ばれたら、そのときに清瀬の弁護届けを取り下げるようにしよう、と取りきめた。それで、各被告はもとからの知り合いなり友人なりということで、逐次専門の弁護人を決定し、私の弁護届けはそのつど取り消していったのであるが、東条大将についてはだれも弁護しようと申し出るものがなかった。一人、東条の世話になった塩原時三郎君がやってもよいということであったが、これは弁護士資格はあったがまだ法廷にでたことのない人で、陸軍省幹部も、いっそ清瀬にやってもらったらどうか、といいだした。

私は、それでは本人が同意するなら引き受けてみようということで、東条が大森から巣鴨に移された翌日に会ってその旨を伝えた。東条は、よろしく頼むといって、私に依頼したので引き受けることとなり、それからしばらくは塩原君と一緒に東条の権利を擁護したが、当時はまだ法廷は開かれていなかった。

終戦連絡事務所からGHQに申し出たものとみえ、一人の被告人には本人が選定した日本人のほかに、米人弁護士一人をつけてもよいということが決まった。東条のためには、はじめコールマン大佐をつけたが、この人は弁護のやり方について、GHQの他の連中と意見を異にしたため、辞退してアメリカに帰ってしまった。つぎにガイダーという弁護士が東条のために派せられた。この人は米国でも著名な刑事弁護士であるとのことで、非常に頭の冴《さ》えた男であったが、これまた司令部内の他の者と意見が合わず、法廷に立つに及ばずして帰還した。

そこで私は、一人で弁護をやろうかと思っていたが、司令部のほうでブルーエット氏を推挙してきた。そのことを東条被告に伝えると、東条は

「米人弁護士が、本気で自分を弁護するだろうか。君ひとつそのブルーエットとかいう人に会って、弁護の条件について話してみてくれ。自分には法廷で陳述することが、三つある。これに同意ならば、弁護を受ける。その一つは、大東亜戦争は自衛のための戦争であったということ。その二つは日本の天皇陛下には、戦争についての責任がないということ。その三つは大東亜戦争は東洋民族解放のための戦争であったということである」

と述べた。

ブルーエット君は、これまた頭のよいりっぱな弁護士であるが、アメリカから飛んできたばかりで、東条の言う三つの条件の意味を了解しない場合もありうると思って、私はあらかじめ東条の言う意味を説明したところ、これを了解してくれた。

そこで私は、ブルーエット君を帯同して東条に面会したところ、東条が前の三つの弁護方針を問い、ブルーエット君はその三か条の方針にもとづいて清瀬君と共にできるだけの尽力をするということを明言して、弁護を引き受けてくれた。ブルーエット君は、東京裁判後米国に帰り、フィラデルフィアで活動していたが、先年自動車事故で没せられた。

無条件降伏に非ず

起訴の却下を求む

日本はポツダム宣言を受諾して降伏したのであるが、その当時からこんにちに至るまで、世間では無条件降伏という言葉が流行し、占領中にはすぐに「何しろ、われわれは無条件降伏したのだからいたし方がない」といって、占領軍の横暴ぶりを見のがす言い草としていた。しかし東京裁判の弁護人は、はじめから終わりまで、ポツダム宣言受諾は無条件降伏ではないことを断言し、これを弁護の中核としたのであった。この主張をつらぬかねばならぬわけは、こうである。

あの裁判は、連合軍側ではポツダム宣言第十条によるものであると主張している。第十条は、次のように言っているのである。

「われら（連合国）は、日本人を民族として奴隷化せんとし、または国民として滅亡せしめんとする意図を有するものにあらざるも、われらの俘虜を虐待せる者を含む、いっさいの戦争犯罪人に対しては、厳重なる処罰を加えらるべし」

連合国はこの条項にもとづいて東京裁判を始めたのである。これはポツダム宣言中の一つ

の条項であって、同宣言はこのほかにも多数の条項を列挙している。この条項列挙の前に、その第五条として

「われら（連合国）の条件は、左のごとし。われらは右条件より離脱することなかるべし。右に代わる条件存在せず。われらは遅延を認むるを得ず」

と掲げている。すなわち、ポツダム宣言第六条から第十三条に至る各条件は、連合国のほうから出した条件であり、連合国も自らこれより離脱せざることを宣言している。

そこで、第十条の俘虜虐待を含む「戦争犯罪人」を厳罰に処するという条項は守らなければならぬが、問題になるのは「戦争犯罪人」という言葉の意味についてである。俘虜虐待を戦争犯罪と認めていることはあきらかであるが、その他の戦争犯罪とは何を含むかということである。そのため、われわれはポツダム宣言が発せられた昭和二十年七月二十六日を基準として、その当時に戦争犯罪は何を意味したかを研究したのであった。

そのころの国際法学者、たとえばオッペンハイムにしろ、ホールにしろ、また日本では信夫淳平氏のぼう大な著書にしろ、宣戦布告をしたり、また戦争行為をなすこと自身を戦争犯罪だといっているものは一人もない。東京裁判でいう平和に対する罪、また人道に対する罪というのは、同年七月の時点では戦争犯罪の範囲外であるから、かくのごとき起訴は当然却下さるべきものであるというのが、われわれ弁護団のとった方針の一つであった。

この理論は、裁判のはじめ検事の起訴状朗読直後に裁判管轄に対する異議として申し立てられたから、これに対して判断を下さなければ、手続きは進行できない道理となる。そこで

法廷はいったん閉廷し、数日間休廷して裁判官の会議を開いた。その結果裁判官諸君はどう判定したかというと、弁護側の異議はこれを却下する、却下の理由は後にこれを説明する、といって強引にその場を切り抜けた。

そうすると、おそくとも判決の時までには、この国際法上の問題がくわしく述べられるものと考えて、われわれも被告たちも待っていたのであるが、判決文にはそれと思われるところはなかった。ただ、われわれ裁判官はマッカーサーからこの裁判条例で裁判することを命ぜられ、これを引き受けてこの裁判をするのであるから、条例自身の無効なることを判決することはできない、といった文句が一か所ある。しかし、これは理由にもなにもならぬ。

弁護団の主張は、裁判条例を否認するものではない。ただそのうちにある戦争犯罪という言葉の解釈を論じているので、この言葉の解釈は、ポツダム宣言が発せられた一九四五年七月二十六日に、世間が認めていた戦争犯罪人という言葉の意味をあきらかにすべしというのである。しかも、ポツダム宣言は日本降伏の条件であるから、日本の法学者や連合国の法学者の用いた意味によって、これを解釈しなければならぬというにあった。

しかし、あの当時は日本の新聞その他が、日本は無条件降伏をしたのだと宣伝し、こういう議論は世間の耳にはいらなかった。それより時がたって、はじめて各方面からこの問題が取りあげられるようになった。

占領中、マッカーサーの陣営内にあった、ウィリアム・シーボルトという人が、『マッカーサーと共に日本にありて』と題する本を書いた。日本語訳は『日本占領外交の回想』（野末賢三訳）となっている。そのなかでシーボルトはこう言っている。

「当時としては、国際法に照らして犯罪ではなかったような行為のために、勝者が敗者を裁判するというような理論には、私は賛成できなかった。もちろん、これと反対の意見の中にも、相当の説得力をもったものもあった。そして歴史によって、その正当性が証明される時が、くるかもしれない。しかしこの点に関しては、私の感じは非常に強かったので、この最初の演出された法廷の行事が終わるまで、私は、不安の感じに襲われ、ふたたび法廷にはもどらなかった」（訳本一三五ページ）。

ポツダム宣言　全文

一、われら合衆国大統領、中華民国政府主席及び「グレート・ブリテン」国総理大臣は、われらの数億の国民を代表し協議のうえ、日本国に対し、今次の戦争を終結するの機会を与うることに意見一致せり。

二、合衆国、英帝国及び中華民国の巨大なる陸、海、空軍は、西方より自国の陸軍及び空軍による数倍の増強を受け、日本国に対し最後的打撃を加うるの態勢を整えたり。右軍　事力は、日本国が抵抗を終止するに至るまで、同国に対し、戦争を遂行するの、いっさいの連合国の決意により、支持せられ、かつ鼓舞せられおるものなり。

三、蹶起《けっき》せる世界の自由なる人民の力に対する「ドイツ」国の無益かつ無意義なる抵抗の結果は、日本国国民に対する先例をきわめて明白に示すものなり。現在日本国に対し集結しつつある力は、抵抗する「ナチス」に対し適用せられたる場合において、全「ドイツ」国人民の土地、産業及び生活様式を必然的に荒廃に帰せしめたる力に比し、測り知れざるほど、さらに強大なるものなり。われらの決意に支持せらるる、われらの軍事力の最高度の使用は、日本国軍隊の不可避かつ完全なる壊滅を意味すべく、また同様必然的に、日本国本土の完全なる破壊を意味すべし。

四、無分別なる打算により、日本帝国を滅亡の淵におとしいれたる、わがままなる軍国主義的助言者により、日本国が引き続き統御せらるべきか、または理性の経路を日本国が履《ふ》むべきかを、日本国が決定すべき時期は到来せり。

五、われらの条件は、左のごとし。われらは右条件より離脱することなかるべし。右に代わる条件存在せず。われらは遅延を認むるを得ず。

六、われらは、無責任なる軍国主義が世界より駆逐せらるるに至るまでは平和、安全及び正義の新秩序が生じ得ざることを主張するものなるをもって、日本国国民を欺瞞し、これをして世界征服の挙に出ずるの過誤を犯さしめたる者の権力及び勢力は、永久に除去せられざるべからず。

七、右のごとき新秩序が建設せられ、かつ日本国の戦争遂行能力が破砕せられたることの確認あるに至るまでは、連合国の指定すべき日本国領域内の諸地点は、われらのここに指示する基本的目的の達成を確保するため占領せらるべし。

八、「カイロ」宣言の条項は履行せらるべく、また日本国の主権は、本州、北海道、九州及び四国並びに、われらの決定する諸小島に局限せらるべし。

九、日本国軍隊は、完全に武装を解除せられたる後、各自の家庭に復帰し、平和的かつ生産的の生活を営むの機会を得しめらるべし。

十、われらは、日本人を民族として奴隷化せんとし、または国民として滅亡せしめんとするの意図を有するものにあらざるも、われらの俘虜を虐待せる者を含む、いっさいの戦争犯罪人に対しては厳重なる処罰を加えらるべし。日本国政府は、日本国国民の間における民主主義的傾向の復活強化に対する、いっさいの障礙《しょうがい》を除去すべし。言論、宗教及び思想の自由並びに基本的人権の尊重は確立せらるべし。

十一、日本国は、その経済を支持し、かつ公正なる実物賠償の取り立てを可能ならしむるがごとき産業を維持することを許さるべし。ただし日本国をして戦争のため再軍備をなすことを得しむるがごとき産業はこの限りにあらず。右目的のため、原料の入手（その支配とはこれを区別す）を許さるべし。日本国は、将来世界貿易関係への参加を許さるべし。

十二、前記諸目的が達成せられ、かつ日本国国民の自由に表明せる意思に従い、平和的傾向を有し、かつ責任ある政府が樹立せらるるにおいては、連合国の占領軍は直ちに日本国より撤収せらるべし。

十三、われらは、日本国政府が直ちに全日本国軍隊の無条件降伏を宣言し、かつ右行動における同政府の誠意につき、適当かつ十分なる保障を提供せんことを同政府に対し要求す。右以外の日本国の選択は、迅速かつ完全なる壊滅あるのみとす。

ポツダム宣言の真意

一九四三年（昭和十八年）十一月二十七日に発せられたカイロ宣言では、その末項に「この戦争では日本の無条件降伏をもたらすに必要な重大、かつ長期の行動を続行すべし」とある。

ルーズベルト大統領は、死ぬまでそう考えていたに相違ない。ところが一九四五年夏にルーズベルトは死亡し、トルーマンがこれに代った。このころには、アメリカでも、日本がソビエトを通じて和平あっせんに着手したことを、うすうす知ったようであった。

戦後になってはじめてわかったことであるが、同年七月二日に陸軍長官のスチムソンが、大統領トルーマンにあてて重大な書類を出した。それは「対日計画案」と「付属宣言書」である。

対日計画案は、はじめに日本本土作戦計画が着々準備されていること、アメリカ軍が日本本土に上陸し強行占領をはじめるには、日本よりの最後の抵抗があるであろうことを述べ、これには米側も重大な犠牲をはらわなければならぬが、この際実質的に日本軍の無条件降伏を確保する方法はないであろうか、また日本側も最後まで戦うの愚をさとり、実質的には無条件降伏に等しいことでも、これを受諾するだけの理性的な判断力と弾力性をもっているものと信ずる、と説明している。そして結論としては米・英・華および、もしその時までにソ連邦も交戦国となったならばソ連邦を加え、四国代表から慎重に時を見はかり、日本の降伏とその本土占領の受け入れを日本に呼びかけようというものである。そこで、最後に呼びかける場合の宣言案を添付している。

この宣言案が、実は後にポツダム宣言となったものである。もっともこの案では、宣言の第十三条に日本が立憲君主制を維持することができる旨の規定があったが、これはバーンズ国務長官が原案をポツダムに持ってゆき、原稿をイギリスのチャーチル首相に渡す前に削除した。これらの経過は、戦後、内閣におかれた憲法調査会で、はなはだ綿密に調査せられたのである。

以上のごとく、本来ポツダム宣言というものは日本に降伏の条件を示したものであるが、実質的に無条件降伏と等しいようにみえるように起草されたものであるから、元来これを無条件降伏そのものとみることははなはだしく無理である。

けれども、スチムソンもバーンズも、対内的な立場があって、そのころは国務省内の官吏にも、また陸海軍軍人にも、日本に無条件降伏を迫ったということでなければだれも承知するはずがない。それゆえに、あの通りのあいまいな文章になった。そして条項第十三条には、単に日本軍隊の無条件降伏ということをいれており、あたかも日本国が無条件降伏をしいられたかのごとくみせかけているのである。

ここにおもしろい文書がある。アメリカ国務省が発表した「一九四五年七月二十六日の宣言と国務省の政策の比較検討」という文書である。この比較研究の結果、ポツダム宣言は必然的に従来の国務省の政策を変更せざるを得ないこととなり、とくに無条件降伏の解釈と適用に関する従来の政策に修正を余儀なくさせるものであるとし、進んで従来の政策とポツダム宣言の記載をいちいち対照して記載している。その重要な点を摘示すればつぎのようである。

（1）この宣言は日本国および日本国政府に対し降伏条件を提示した文書であって、受諾されれば国際法の一般規範により国際協定をなすものであろう。国際法は国際協定中の不明確な条項はその条項を受諾した国に有利に解釈されている。条件を提示した国は、その意図を明確にする義務を負う。国務省の政策は、これまで無条件降伏とは何らの契約的要素も存しない一方的な降伏のことだと考えていた。

（2）この宣言が規定している降伏の契約的性質は、第十三条の「誠意」という文字と相まって、降伏条件の履行があるていど日本国政府の「誠意」にまかされていることを示している（注＝第十三条の本文は「かつ右行動における同政府の誠意につき、適当かつ十分なる保障を提供せんことを同政府に対し要求す」とある）。

国務省の政策は、降伏の初期の段階では、いっさいの要求は連合軍によって実施さるべきものであり、日本国当局の誠意にたよることがあってはならない、と考えている。

（3）この宣言は、無条件降伏は全日本軍隊にだけ適用されるものと解している。国務省の政策は、無条件降伏が日本国（従って軍隊ばかりでなく天皇、政府および国民）に適用されると解し、これらのものはみな連合国がその政策を実施するために適当と考える、いっさいの行為に黙従しなければならないと解している。

（4）前述の（2）と（3）で言及された種々の方策と宣言の第十条と第十三条にみられる日本国政府という文字の言及から、この条件を受諾する日本国政府は誠意をもってこの条件を遵守《じゅんしゅ》する限り、継続するものと考えているようである。

われわれ弁護団は、当時、またその直前、米国内でのいかなるいきさつで、ポツダム宣言が発せられたかの歴史を知ることができなかった。今となってみれば、スチムソン覚え書きで、ポツダム宣言は真に無条件降伏でなかったことがはっきりしたのである。

従来の国際法が認めざる新罪名

東京裁判は、本来復讐が目的であった。このことは後文で証明する。それゆえ、俘虜虐待を最も重くみた。将軍や閣僚に対しても、俘虜虐待と結びつけて断罪した。

北ベトナムに捕えられた米軍飛行士のことが、新聞に伝えられた。私としては、東京裁判のことを思い出さずにはおられない。あの裁判で原告側は、A級戦犯被告人は、平和に対する罪を犯したということを起訴の第一事実とした。ドイツの戦犯裁判、すなわちニュルンベルク裁判でも、連合軍側の検事は、これを起訴の第一事実とした。ニュルンベルクにおけるドイツ被告の弁護士も、東京裁判におけるわれわれ日本人側弁護士も、これは事後法であると言って、強く反対したものである。また東京裁判では、判事のうちにも、これが事後法でであるということを認めた人もある。

昭和二十年までの国際法では、戦争を始めること、これを遂行することを犯罪とした国際法の学説は一つもなかった。第一次欧州戦争におけるカイゼルの行為も、戦争犯罪人（ウォー・クリミナル）として処刑せんとしたのではない。また一九二八年の不戦条約でも、ただ政策の手段として戦争を始めることを非とするということで、戦争行為を非難した文字はあるが、戦争を始めることを犯罪としたという条約ではない。

わが国の旧憲法においても、宣戦および講和は主権者の特権と考えられていた。その他の民主主義国の憲法にも、同様の規定が存在する。それゆえ、太平洋戦争が始まったとき、また、これを遂行したときは、だれもこれを犯罪だとは思っていなかった。それにもかかわらず、戦後、国際裁判法廷を開廷せんとするにあたり、裁判条例中に平和に対する罪なる罪名を設け、侵略戦争を開始、または遂行することを犯罪であるときめつけたのである。

かくのごとき平和に対する罪については、非常な抵抗があった。しかるに、ニュルンベルクにおいても、東京裁判においても、裁判官は強引に多数決でこれを罪と決定した。今日、いずれの国においても、裁判の前例を重んじるという風潮がある。たとえいかなる抵抗があったにしても、かつてニュルンベルクにおいても東京においても、いったん平和に対する罪が有罪と決した以上は、これを先例にしようと思う者が一部に出てくることはありうることである。（私はこれには反対であるけれども、これがホ・チ・ミン政府の主張のよりどころである）。

一方、東京裁判が済んでからのち、一九四九年に、ジュネーブで戦犯の取り扱いに関する大きな条約が成立した（これはジュネーブ条約と略称されるが、一九五四年にインドシナの紛争を解決する目的で作られたジュネーブ条約とは別のもの）。この条約は、過般の世界戦争の経験にもとづき、俘虜の待遇をきめたもので、相手方の手に捕われた俘虜に対しては暴力行為、脅迫、侮辱、公衆の好奇心から保護されなければならぬといった、詳細な規定が設けられている。そして、世界の多数の国がこれに参加した。一九五七年六月に至り、北ベトナムもこの条約に参加したのであるが、その時、北ベトナムは、多くの共産主義国も同様であるが、一つの留保条件をつけた。留保条件というのは

「北ベトナム人民共和国はニュルンベルク裁判の諸原則に従い、戦争犯罪あるいは人間性に対する罪に問われた捕虜は、同条件の保護を受けないことを宣言する」

というものである。すなわち、北ベトナム政府は、ニュルンベルク裁判や東京裁判において、平和に対する罪、人道に対する罪というものを戦争犯罪として処罰したことを前例とし、この罪を犯したものには、ジュネーブ条約の俘虜待遇を与えないということを条約に参加する最初から宣言し、こんにちでもその原則を守っているわけである。ホ・チ・ミン政府、または同国の外国に駐在する大使が発表しているところは、この趣旨である。

「アメリカは一九五四年のジュネーブ条約を無視し、ベトナムに対して進撃した。彼らには侵略戦争を為《な》した責任がある。その一番の責任はジョンソン大統領であり、今回北ベトナムに捕えられた多数の飛行士も、またこれに参加した罪を犯している。これらの人には、北べ

トナム政府は自発的に人道的な保護を与えるけれども、一九四九年の俘虜に関する条約にもとづいての保護は与えない」というのが、ホ・チ・ミンの言い分であって、一応、筋は通っている。それというのも、従来の国際法において罪と認めなかったものを、ニュルンベルク裁判、東京裁判においてあえて犯罪として処罰した前例を逆用しているのである。

北ベトナム政府は、一九六五年七月二十二日に同国の公衆衛生大臣ほか十一名による「ベトナムにおけるアメリカ帝国主義者の犯罪調査委員会」なるものを設け、国内各村落にわたって〝米帝国主義者がベトナム人民に対して行なった最も野蛮な仕打ち〟を調査せしめることとした。これを調査しあげて、別に法廷をつくるか、ベトナムの通常の法廷で裁判を行なうというのである。

だれかが、二十年前、連合国側は後悔することが起こるに相違ない、といったことを思い出す。

裁判の開始

本項では、裁判所の着席順や、その他法廷の様子を記憶のまま描写してみよう。これをあらましご存じ願うことが、法廷に起こった事項をお読み願うに便利であろう。そう考えると、もう少し早くこれを記述すべきであったかもしれない。

講堂を改造して

いままで単に「東京裁判」とのみ称してきたが、この裁判の本名は「極東国際軍事裁判所」、英語では「インターナショナル・ミリタリー・トライビューナル・フォア・ザ・ファー・イースト」という長ったらしい名前である。場所は昔の士官学校跡、戦時中は大本営や陸軍省があった丘の上である。このことより、いく分見せつけの意味で、ここを選んだのではないかとかんぐって考える人もあった。

丘の東南の門に、英語で前記の長ったらしい標記があり、門内に数名の番兵がいた。番兵の許可を得て、ゆるい坂を二、三百メートルほど登れば、そこに元の大本営の玄関がある。この建て物の二階の大広間、当時講堂といったものを法廷に改造したものである。広さは約百坪（三三〇平方メートル）もあろうか。

まず、これをたてに三筋に割り、南の筋を裁判官側とし、三段階のヒナ壇を構成して一番上に十一人の裁判官が並ぶようになっており、中段には書記官数名が事務をとるため、これまた横に並んで着席する。その下は土間。この裁判官側の後方には、十一か国の国旗が立ててある。中の筋は、東より順次に弁護人団長、同副団長およびこれと組んだ米人弁護士席、発言台、検事席、速記者、証人ボックスとなっている。三筋割りの北側は被告席として、これまた三段階のヒナ壇であるが、裁判官側のそれよりよほど低くしてある。これらの三筋の西は貴賓席、東は傍聴席と新聞記者席。また西側には、同時通訳をするガラス張りの室が設けてあった。

照明は、もとからあったシャンデリアの外に、きわめて燭光の高い電灯を用いた。私と少しの間共同弁護をした米人弁護士ガイダア君は、これを拷問電灯、トオチュア・ランプだと指摘した。報道機関が写真をとるのに便利なようにしたのかもしれない。床にはぶ厚なじゅうたんを敷きつめ、くつ音がせぬようにしてある。

南割りの最上段が裁判官席であることはさきに述べたが、ここに十一裁判官とその国籍を、向かって左から順次、その席をしるしてみよう。最東端はラダビノード・パール、インド（全被告に無罪を宣すべしとの判決をした人）。つぎはバーナード・ローリング、オランダ（七人組の判決に加わらず、別の意見を出した）。スチュワート・マグドナルド、カナダ。サー・パトリック、イギリス。つぎはジョン・ヒギンス、アメリカ（中途でクレーマー少将に代わった）。サー・ウィリアム・ウエッブ、オーストラリア（これが裁判長）。梅汝璈、中国。ザリヤノフ、ソ連（ソ連邦刑法には死刑なしといって、死刑には賛成しなかった）。アンリー・ベルナール、フランス（別の意見を出した）。エリマー・ノースクロフト卿、ニュージーランド。ジャラニーラ、フィリピン。

これらの裁判官は各十一か国が連合軍司令官の要求により、その国の高等裁判所の裁判官中より推挙したものである。

つぎに被告側は、裁判官に向かって上段左から橋本欣五郎、小磯国昭、永野修身、大島浩、松井石根、大川周明、平沼騏一郎、東郷茂徳、松岡洋右、重光葵、佐藤賢了、島田繁太郎、白鳥敏夫、鈴木貞一、板垣征四郎の順。中段には土肥原賢二、畑俊六、広田弘毅、南次郎、東条英機、岡敬純、梅津美治郎、荒木貞夫、武藤章、星野直樹、賀屋興宣、木戸幸一、木村兵太郎。そしてその下は、弁護団長、副団長以下の弁護士席。

法廷の秩序維持には十人ぐらいのMPが各所に配せられた。隊長は有名なケンウォーシー中佐。開廷、閉廷、休憩の告知はバンミーター大尉。

この裁判は、先方からみれば、ついこのあいだまで敵とした国へ乗り込んでやってゆくのであり、その憲章にも少々むりがあり、ことに事後法で死刑を執行しようというのである。うまくゆけるかどうかが、相当心配であったようである。それに備えてであったのであろうか、この市ヶ谷丘上の後ろの側に、一大隊ほどの歩兵を駐留させてあった。さいわいに何ごとも起こらずに済んだのは、結構であった。

以上は公式に必要な設備で、本物語りを読んで下さる諸君に、必要と思われることをできるだけ簡単に記載したのである。このほかにも食堂、浴室その他のものがある。その中で、公にすることにははなはだ躊躇せざるを得ないが、諸君のご寛恕《かんじょ》にあまえて一言するならば、便所の一件である。

裁判官、検察官、米人弁護士の便所と、われわれ日本人弁護士のそれとは区別してあり、急用その他で日本人弁護士が西洋人のそれへはいろうものなら、MPがやって来て、まだ用便中でもつかみ出した。これがため、もんちゃくが起こったことが二度、三度ではない。問題が問題だけに、外部へは出さずに解決するようにした。しかし、これはやはり人種差別の心が根をおろしているということだ。ある時、この建て物内で物が紛失したことがあった。この時も、日本人弁護士のカバンをあけて調査した。米人弁護士のカバンには、手をふれることはできなかった。

裁判の権限なし

昭和二十一年五月十三日、私が当裁判所の管轄に関する動議（モーション）の説明をすることとなった。これは本裁判の基礎となる最重要のことであるから、ここに速記録からこれを抄出してみよう。

「当裁判所の管轄に関する動議につき説明をいたさせていただきます。その第一は、当裁判所においては、平和に対する罪、また人道に対する罪につきお裁きになる権限がないということであります。いうまでもなく、当裁判所は連合国が一九四五年七月二十六日、ポツダムにおいて発しました降伏勧告の宣言、その中に連合国の俘虜に対して残虐行為をなしたる者を含むすべての戦争犯罪者に対しては峻厳なる裁判が行なわるべし、という条規が根源であります。このポツダム宣言は同年九月二日に東京湾において調印された降伏文書によって確認受諾されたのであります。それゆえに、ポツダム宣言の条項はわが国を拘束するのみならず、ある意味においては連合国もまたその拘束を受けるのでありまして、すなわちこの裁判所は、ポツダム条項において戦争犯罪人と称する者に対する起訴は受けることができますが、同条項で戦争犯罪人と称せざる者の裁判をなす権限はないのであります。

本法廷の憲章においては、平和に対する罪ないし人道に対する罪という明文はありますけれども、連合国においてかくのごとき罪に対する起訴をなす権限がなければ連合国から権限を委任された最高司令官はやはりその権限はないのであります。自己の有せざる権限を他人に与うることあたわずという法律上の格言は、国際条約の解釈の上においてもまた同様であります。それゆえ、われわれはここに冷静に、厳格に、ポツダム宣言において戦争犯罪人と称する者の意義、限度を決めてかからねばなりません。しかも、この意味は、今日われわれが考えている言葉ではなくて、一九四五年七月二十六日を限度として、その日を境としてこの宣言を発したところの国、この宣言を受けたところの国において、戦争犯罪とは何を考えられていたか、ということを決めなければなりませぬ。

その当時まで世界各国において知られていた戦争犯罪ということの意味は、結局、戦争の法規、慣例を犯した罪という意味であります。その実例として多くあげられているものは、交戦者の戦争法規の違反が一つ、非交戦者の戦争行為が一つ、略奪が一つ、間諜および戦時反逆、この四つが戦争犯罪の典型的なものであります。この法廷にはイギリスの裁判官もおいでになりますが、イギリスの戦争法規提要第四四一条には明らかにワー・クライム、戦争犯罪の定義を掲げております。

また次の条には戦争犯罪の種類をあげておりまして、この種類は今あげた四つであります。ひとり、イギリスの戦争法規提要だけではありませぬ。他の国において通用する言葉はすべて今申す通りのようでありまして、平和に対する罪、すなわちその戦争の性質がいかがでありましても、戦争自体を計画すること、準備すること、始めること、イニシェーティング、および戦争それ自体、すなわちウェージンクそれ自体を罪とするということは、一九四五年七月当時の文明国共通の観念ではないのであります。

学識豊富なる裁判官各位は、国際公法の著書についてはすでに十分御検討相成ったことと存じます。世間によく読まれているかの有名なオッペンハイムの著書でも、またホールの著書でも、戦争犯罪中に戦争を始めること、これを戦争犯罪とはいっておりませぬ。わが国の立作太郎博士、信夫淳平博士の著書でも、戦争犯罪はことごとく戦争の法規慣例、これに違反しているものであると申しまして、その例証も分け方によって五つに分けているのもありますが、実際において英国のマニュアルと同一であります。(中略)

裁判長、ここが私は非常に大切なことと思います。ドイツとわが国とは、降伏の仕方がちがっている。ドイツは最後まで抵抗してヒトラーも戦死し、ゲーリングも戦列を離れ、ついに崩壊してまったく文字通りの無条件降伏をしました。それゆえに、ドイツの戦争犯罪人に対しては、連合国は、もし極端にいうことを許されるならば、裁判をしないで処罰することまでもなしえたかもわかりませぬ。

わが国においては、まだ連合軍が日本本土に上陸しない間に、ポツダム宣言が発せられた。その第五条には、連合国政府はわれわれもまたこれを守るであろうという条件で——この条件は連合軍も守るであろうということで、わが国に対して宣言を発し、わが国はこれを受諾したのであります。それゆえに、ニュルンベルクにおける裁判で、平和に対する罪、人道に対する罪を起訴しているからといって、それを直ちに類推して極東裁判に持ってゆくということは、絶対の間違いであります。

わが国においては、今申した来歴でポツダム宣言という一つの条件付き、かりに民事法の言葉を借りますれば、一つの申し込み、オッファーのついた条件があるのであります。わが国はそれを受諾したのでありますから、連合国といえどもこれを守らなければならぬ。連合国におかれては、今回の戦争の目的の一つが国際法の尊重であるということを言われております。

されば国際公法のうえからみて、ワー・クライムというものの範囲を超越せられるというようなことはまさかなかろうと、われわれはかたく信じておったのであります。（下略）」

動議却下さる

弁護団の管轄異議のモーションに対しアメリカのキーナン検事や、イギリスのコミンズカー検事などより反ばくがあり、米人弁護人ブレークニー君や、ファーネス君より敷延陳述があった。その論旨中には、新たに平和に関する罪や、人道に対する罪を本法廷憲章により創定することは、事後法（エキスポスト・ファクト・ロー）の制定となる、事後法で人を処罰することはできぬという論旨も付加せられた。

公平にみて、これらの論点に関する限り、弁護側に理由がありと思われた。裁判官は一体どうこれをさばくか。希望も持ち、疑惑も持って待っていた。動議提出より五日後なる五月十七日（第七回開廷）の午前に、裁判長は「管轄に関するすべての動議を却下する。その理由は、将来宣明する」として、その場を切りぬけ、事件の進行を図った。

「将来宣明」というがその後、一向に管轄に関する宣明と認むべきものがない。ついに、その時より満二年六か月も経過した昭和二十三年十一月四日の判決言い渡しの時に、七人組判決（インド、オーストラリア、フランス、オランダの四国代表裁判官を除く七人の多数派判決）はこの点に言及した。いうまでもなく、これは全裁判官一致の意見ではないが、今、これを引用してみると次のごとくである（日本文判決書六ページ三段目以下）。

「一九四六年（昭和二十一年）五月に本裁判所はこの弁護人の申立を却下し、裁判所条例の効力と、それに基く裁判所の管轄権とを確認し、この決定の理由は後に言い渡すであろうと述べたが、その後にニュルンベルクで開かれた国際軍事裁判所は一九四六年十月一日にその判決を下した。同裁判所は、他のことと共に次の意見を発表した。『裁判所条例は戦勝国の側で権力を恣意的に行使したものでなく、その判定の当時に存在していた国際法を表示したものである』。『問題はこの条約（一九二八年八月二十七日のパリ条約）の法的効果は何であったかということでもある』（かくてニュルンベルクでは不戦条約に反する行為は犯罪を構成するとの主張を引用し）当裁判所はニュルンベルク裁判所の以上の意見と、その意見に到達するまでの推論に完全に同意する」と。

しかし、これははなはだ不十分な説明である。弁護側はニュルンベルク裁判と東京裁判とは条件が違う。前者ではドイツは本当の意味での無条件降伏をした。日本では二十年七月二十六日のポツダム宣言中の諸条項を条件として降伏した。ここに大きな相違がある。ニュルンベルク判決では前記のごとく判定の当時（一九四六年十月一日）に存在していた国際法をもって裁判したというが、東京では一九四五年七月二十六日、ポツダム宣言をわが国上下に撒布し、降伏を勧告した当時の国際法上の「戦争犯罪」といったものを基準とせよと主張したのである。七人組判決はわれわれの提出した動議却下の理由とはなり得ない。

裁判官中でもインド出身のパール裁判官はこれらの俗論を排し「本官は、この異議（当裁判所の管轄権に異議ありとする動議）は当然受理されなければならないとする。そう決定した理由は、すでに本官判決最初の部分で述べている」（東京裁判研究会版「パール判決書」六三八ページ）。ここでパール判決最初の部分をも引用すべきであるが、あまり長くなるから省略する。この点は田中正明著『パール博士、日本無罪論』（慧文社発行）中に手ぎわよく解説してある。

ここに思いがけないことは、ウエッブ裁判長が平和に対する罪は事後法であるから、これだけで死刑は適当でないという意見を述べたことである。朝日新聞記者団編集『東京裁判』下巻、一七五ページにこんな記事がある。これはウエッブ裁判長の個別意見の一部である。

「これら五名、すなわち、ヘス、フォン・ノイラート、フンク、レーダー及びデーニッツを死刑から免れさせたについては彼らが戦争を行なった時には、侵略戦争は一般に裁判すべき犯罪とは考えられていなかったという事実を考慮に入れたものと本官は考える。今でも多くの権威ある国際法の法律家は、この点に関して、パリ条約は何の変更も加えなかったという見解をとっている。日本人被告を取り扱うについては、ドイツ人被告に対するほどの考慮を払わないというのでない限り、どの日本人被告も、侵略戦争を遂行する共同謀議したこと、この戦争を計画及び準備したこと、開始したこと、または遂行したことについて、死刑を宣告せらるべきではない」と。

東京裁判の多数判決（七人組判決）は、前記のごとくニュルンベルク判決の主旨を踏襲したと説明している。その後一九五〇年十二月（朝鮮戦争最中）国際連合の国際法委員会はその準備したニュルンベルク原則の法式化に対する賛否を各国に質問した。質問を受けた（当時の加盟国）六十か国中、回答をなした国はわずかに七か国に過ぎない。翌一九五一年十二月に事務総長より同様各国に質問したところ、回答したのは世界六十か国中十五か国にすぎぬ。すなわちニュルンベルク原則（東京裁判原則というも同じ）を法典化しようとする計画は挫折してしまった。

かつて本物語りで私が引用したシーボルト（『マッカーサーと共に日本にありて』の著者）は東京裁判の方式や、裁判の合法性自体を疑問とし（同書一三〇ページ）、マッカーサー自身も米国上院の委員会で「東京裁判は失敗であった」と証言したといわれる。

裁判手続き

翻訳問題

ある俘虜収容所では、米人俘虜に雄牛の尾を食わせたということで、問題を起こしたことがある。これは牛蒡《ごぼう》をオックス・テイルと翻訳したことより起こったこととわかった。また他の収容所では、毎度スープの内に腐った豆を入れたということで不平が出た。これは豆腐をロッン・ビーンズと翻訳したことに基づくものであることがわかった。牛蒡も豆腐汁も、日本人の感覚ではまずごちそうのうちである。

記録中にも「旅大回収」を「旅順大学の回復」と訳したところがある。広田弘毅被告を軍事参議官といったり、荒木貞夫被告を国家総動員審議会総裁といったりしたのも、あるいはこの種類の誤りから来ているのかも知れぬ。

ある時、東条被告が名前を変えたとのニュースが飛んだ。ＡＰ通信社の記者とＵＰ通信の記者も、たちまち私の所にとんで来て、何と変えたか、その動機は何だと質問した。私は何ら改名のことは聞いたことがないと答えるほかはなかった。つぎの面会時間にこのことを東条に告げたところ、自分の遠い親族に徳永某という僧侶がある。過日妻に死後の戒名をつけましょうと申し出があった。そのことであろうと言っておられた。二世の通訳が、戒名と改名を取りちがえ、名前の変更と翻訳して外部に伝えたのであったことがわかった。

木戸被告が、その供述書にも嘆いているように、誤訳は発見次第、これを訂正することができるが、訂正前の誤訳により形成せられた印象が、あとまで残って行く場合がある。まことに困ったものである。

この問題は大いに東京裁判をなやませた。本裁判の始まった当初、昭和二十一年五月三日に法廷執行官バンミーター大尉がウエッブ裁判長の命により、声高らかに起訴状を朗読しつづける最中に、弁護人高柳賢三君（鈴木担当）は突然、発言を求めた。

「裁判長閣下、私は抗議を申し込みたいと思います。いま朗読されている起訴状には翻訳の誤りがあります。パースンズ・オン・ザ・ハイシーズは『洋上漂流者』ではなく公海漂流者であります。私は英語並びに日本語を知っているものとして、この起訴状中には明らかな誤りがあると思います」

起訴状というような裁判手続きの根本というべきものに、たとい一か所でも誤りがあると指摘せられては、何とも処置がない。憲章第九条にも

「用語、審理並ニ之ニ関連セル手続ハ英語及ビ被告人ノ国語ヲ以テ行ハルベキモノトス文書其ノ他ノ書類ノ翻訳文ハ必要ナル場合請求ニ応ジ提供セラルベキモノトス」

と規定せられている。しかるに検察側はこの誤訳を無視し裁判を押し進めようとした。すなわち起訴状朗読が終了した五月六日に、米人弁護団長コールマン大佐は

「起訴状の誤訳が訂正せられるまでは起訴事実に対する認否（アレインメント）は延期すべし」

との動議を提出した。これに対しキーナン検事は

「この異議に関し私は何らハッキリした異議とは認めないのであります。この起訴状は英文によって法廷に提出されたのであって、日本文は単なる便宜のために作ったものであります。従って私は被疑事実認否（アレインメント）を行なうことをお願いします」

と主張した。私（清瀬）は直ちに立って

「ちょっと一言……ただ今キーナン検事のお言葉の中に日本文の翻訳は単に便宜のためであると、おっしゃいましたが、御承知の通り法廷憲章は日本語と英語両方でこの裁判を進行するということが担保されている。英文の起訴状を日本文の起訴状に翻訳することは、単に便宜のためではなくして、被告人に対する公平な裁判をなす一つの担保としてチャーターに規定せられているのであります。後日のために、私はそのことをここにのべておきます」

と主張した。ウエッブ裁判長も

「法廷憲章の規定によりますと、日本文の翻訳も同様に提供することになっております」

と宣したが、さらに付け加えて

「被告にとって最も重要なことは、翻訳に間違いがあるかないかと言うことではなく、起訴状にいかなる被疑者に対する起訴がしてあるかということを知ることであります。もし被告が自分にかけられた犯罪に疑いがあるならば、自分の弁護人に聞いて見ればハッキリすると

思います」と言った。

それはとにかく、爾来《じらい》、裁判所は言語部を置いて、翻訳の問題を取り扱わしめ、日本語の通訳にモニター（言語調整官）をつけ、誤訳を即座に訂正させるようにした。最初の言語調査部部長にはホーステン少尉が就任し、次にリーバーマン少尉がこれに代わった。モニターにはアメリカ二世の軍人が選任せられた。

弁護側も検察側も、長文の陳述なり証拠の朗読の場合には、あらかじめ英文には日本語訳を添え、日本文には英訳を添えて提出し、法廷では日本語と英語で同時通訳を流し、イヤホーンのスイッチの入れ方で、日本語でも英語でも、好きな言語で聞きうるようにしてある。ただ法廷で突発する応酬はあらかじめ準備することができないから、その場で陳述を相当の長さに句切り通訳人が順次翻訳して行き、誤訳は直ちに訂正して行くわけである。

かくのごとく言語の問題は大きな問題である。いわんや暗号解読などにいたっては、意味の変化、語勢の含蓄等非常の相違をきたすものだ。しかも間違っていても前に見た解読のほうが読む人の意識に残っていくのである。危ういかなである。

論争を呼んだ二か条

東京裁判を追憶し、また批判でもしようというなら、ぜひとも「極東国際軍事裁判所条例」に言及しなければならぬ。名前が長いので、当時関係者は単にチャーター（憲章）と略称した。これは一九四六年（昭和二十一年）一月十九日、ダグラス・マッカーサー元帥の命令により、参謀団員、陸軍少将、参謀長リチャード・ゼイ・マーシャルの名義で発布され、全文第一条より第十七条にいたる短い条例で、このたびの軍事裁判の管轄、実体法、手続き法の全部を網羅している。この種の法規としては、むかしの漢の高祖の法三章についでの簡潔なものであろう。性質は大体、英米法の考えで貫いている。

ウエッブ裁判長も、ある意味では老練な男で、このチャーターをよくのみ込み、かつ自国で行なっている慣習に従い、他の十か国の裁判官ともときどき協議しながら、長期にわたる本裁判をともかく、大波乱も起こさず、うまく切りぬけた。

当時、日本では戦前の欧州大陸ふうの刑事訴訟法を、英米ふうに改めようとする立法改革が試みられていた最中であったので、この東京裁判におけるチャーターは、大いにわが国新刑事訴訟法の立案および施行に役に立った。

たとえば、裁判所がまず起訴状謄本を被告に送付する。法廷では裁判長はまず人定尋問。つぎに検察官が起訴状（インダイトメント）を朗読する。これに対し被告の起訴状認否（アレインメント）が行なわれ、さらに検事の冒頭陳述（オープニング・ステートメント）、つまり、わが刑事訴訟法では第二九六条を行なって、それから検事が証拠により証明すべきことを明らかにする。ついで事件の実体にはいり、冒頭陳述において予告した通り、書証、人証、検証、鑑定に進むのである。いまカッコに入れて挿入したインダイトメント、アレインメント、オープニング・ステートメントなどの日本語訳をおのおの前記本文の通りとしたのも、このチャーターを手本としたものである。

このチャーターの条文中、後に議論の種になったような条項二つだけを抜き出して引用する。

第五条（人並びに犯罪に関する管轄）

本裁判所は個人、又は団体員として平和に関する罪、又は平和に対する罪を含む犯罪に付き訴追せられたる極東戦争犯罪を審問及び処罰する権限を有す。左に掲ぐる一又は数個の行為は、個人責任ある犯罪とし、本裁判所の管轄に属す。

（イ）平和に対する罪。即ち宣戦を布告せる、又は布告せざる侵略戦争、若くは国際法、条約、協定、又は誓約に違反する戦争の計画、準備、開始、又は遂行、若くは右諸行為の何れかを達成するための共通の計画、又は共同謀議への参加。

（ロ）通常の戦争犯罪。即ち戦争の法規、又は慣例の違反。

（ハ）人道に対する罪。即ち戦前又は戦時中、為されたる殺人、殲滅《せんめつ》、奴隷的虐使、追放、其の他の非人道的行為、若くは犯罪行為の国内法違反たると否とを問わず、本裁判所の管轄に属する犯罪の遂行として、又は之に関連して為されたる政治的又は人種的理由に基く迫害行為。

上記犯罪の何れかを犯さんとする共通の計画、又は共同謀議の立案、又は実行に参加せる指導者、組織者、教唆者及び共犯者は、かかる計画の遂行上為されたる一切の行為に付き、其の何人に依り為されたるを問わず、責任を有す。

以上は後に非常な論争を呼び起こした条文である。つぎに法廷において問題となった証拠に関する法条を引用しよう。

第十三条（証拠）

（イ）証拠能力。本裁判所は証拠に関する専門技術的規則に拘束せらるることなし。本裁判所は迅速且つ適宜の手続を最大限度に採用、且つ適用すべく、本裁判に於て証明力ありと認むる如何なる証拠をも受理するものとす。被告人の為したるものと称せらるる容認、又は陳述は総て証拠として受理することを得。

（ロ）証拠の関連性。本裁判所は証拠の関連性を判定するため、証拠の提出前、其の性質に付き説明を徴することを得。

（ハ）受理し得べき証拠の例示。特に左に掲ぐるものは証拠として受理することを得。但し前記の一般原則の範囲を何等制限するものに非ず。

（1）機密上の区分如何に拘らず、且つ発行又は署名に関する証明の有無を問わず、何れかの政府の官吏、官庁、機関、又は軍の構成員の発行、又は署名に係るものと本裁判所に於て認めたる文書。

（2）報告書にして国際赤十字社又はその社員、医師又は医務従事者、調査員又は情報官その他右報告書に記載せられたる事項を直接知得せると本裁判所の認めたる者の署名、又は発行にかかるものと本裁判所に於て認めたるもの。
（3）宣誓口供書、供述書、その他署名ある陳述書。
（4）本裁判所に於て起訴事実に関係ある資料を包含すと認めたる日記、書状又は宣誓若くは非宣誓陳述を含む其の他の文書。
（5）原本を即時提出し得ざる場合に於ては、文書の写、其の他原本の内容を第二次的に証明する証拠物。

不公正な証拠却下

東京裁判は昭和二十一年五月三日に開廷し、同二十三年十一月十二日に閉廷した。その間二年有半、五十一週間。公判記録は英文タイプライターで四万八千四百十二ページ。その間尋問せられた証人は四百十九人。検事側が提出して受理せられた書証は法廷証第一号より同第二二八二号に至る。弁護側の提出して受理せられた書証は、法廷証第二二八三号より同三九一五号までである。（もっともこの第二二八三―三九一五というのは弁護段階で提出せられたものので、この段階で検事が反駁のために出したものもはいっている）。

書証は原本が英文なれば日本訳を添付、原本が日本文なれば英訳を添付して、あらかじめ裁判所に寄託されている。当日実際に提出の手続きをすると、多くの場合相手より異議が出る。また出ないこともある。これをきいた後、裁判所がこれを受理するか、却下するかを決定する。受理されたものだけに法廷書記官はただ今受理された書証は「法廷証第何号の番号を受けます」と、やや高声で宣言する。

この法廷証番号を受けない書類は、当方でいかに重要であると考えてもいっさい事件より排斥され、爾後の裁判に引用せられることがない。それゆえ、ある書証が受理され法廷証番号を与えられるか、または却下されこれを受けざるかは東京裁判では最も重大なことがらであった。

証拠の受理と却下については、一定の基準がなければならぬ。この物語りにもすでに憲章第十三条を抄出した。この憲章でも、一般英米法でも、証拠として採用せられるためには、その証拠が当該事件との間に（1）関連性がなければならぬ。（2）またある程度の重要性がなければならぬ。この二基準を実際に適用するに当たり、裁判長ウエッブとわれわれ弁護側との間に大なる意見の相違があらわれたのである。

（一）その一つは連合軍においてもわが被告に対する起訴事実にあったのと同じような行為があったと主張し、これを立証しようとして証拠を出さんとする場合である。たとえば、わがほうに対しては中国の重慶に対して無差別爆撃を行なったことが起訴せられている。しかるに連合軍は戦略爆撃という名のもとに東京はじめわが国の多数の都市に無差別爆撃を加えた事実を立証しておく必要がある。ウエッブはこの種の証拠を断乎として却下した。その理由は

「ここにある泥棒が裁判所において、私（甲）は泥棒をいたしたかもわからぬが、私が知っておる（乙）も同様泥棒をしました、ということで抗弁ができるであろうか。この証拠は関

連がないから却下する」と言って、証拠却下をしたことは、二度や三度ではない。おそらく十数回に及ぶであろう。しかしウエッブのこの理由は徹底的に誤りであり、ゴマカシである。ここに二人の泥棒が連絡なく別々の場所で別々に泥棒をした場合には、ウエッブの言ったようなこともいえないことはなかろう。本件の場合はこれと異なる。仮にウエッブの譬喩をかりて、戦争を泥棒行為と見たてれば、(甲) 泥棒は (乙) のものを泥棒せんとし、(乙) 泥棒は (甲) のものを泥棒せんとしている。(甲) が (乙) のやり方を責めんとすれば、自ら (乙) の採用した手段はとらなかったことを立証せねばならぬ。キリストが罪なき者、彼を打てといったのと同一理である。

(二) 日華事変の段階で最も多かったが、その時の日本政府、または王兆銘政府等の発表などを書証として出さんとする場合、ウエッブは、それはお手盛り証拠 (セルフ・サービス) だといって却下した。これも間違っている。もし作者が敗戦後、裁判でも始まりそうだというのでその時の弁明の資料として声明でもしておこうというのであったら、それはセルフ・サービスと言われても仕方がない。

そうでなくて熱戦の最中に、日本の本心は正義である旨を証拠を挙げて中外に声明したような文章を出した場合、これをセルフ・サービスというのは不公正である。そんなことをいえば、ルーズベルトとチャーチルの出した大西洋憲章も、はたカサブランカのコミュニケも、セルフ・サービスだと言われても仕方がない。

（三）ウエッブはまた、被告の人格に関する証明を拒否し、それは犯罪成立には関係ないと言った。本件では国家の機関としてなした行為を個人に持って行き、その責任を問わんとした事件である。本来の通り国家機関の責任を問う件ならば、犯罪構成要件だけの証明で足るかもしれないが、個人に対する量刑をなさんとするにあたっては人物、性格、過去の業績を見ぬというのは誤りである。

前記のごとく弁護人提出の証拠は法廷証二二八三号より同三九一五号までの千六百三十三通に過ぎない（しかもその内に検事の出した反駁証拠も含む）。しかし、実際に提出しながら却下せられたものは多数ある。これらの証拠中には非常に有益なものも多いが、これらは数十人の提出弁護士の篋底に残るのみで、つい紛失が憂えられていた。

東京裁判では被告の一人であった賀屋興宣君は、釈放後、代議士に当選し、法務大臣となった。その時、賀屋君は東京裁判の記録の散逸を憂え、法務大臣官房に「司法法制調査部」を置き、東京裁判記録を調査せしめた。この調査の結果、却下された被告証拠中ただ今までに七百五十通ほどが発見され回収された。

不当な干渉

東京裁判の時に出会った米人弁護士中で、今に忘れることのできない人がある。それは、デービッド・スミス君その人である。風采《ふうさい》も上品で、言語も丁重であり、その悠々たる態度には、敬意を表せぬものはなかった。経済関係の事情にも精通していた。担当は広田弘毅被告で、（後に検事総長をつとめた）日本人弁護士花井忠君と組んで活動した。そのうちにこんな事件が起こった。

一九四七年（昭和二十二年）三月五日、岡本尚一弁護士（武藤章担当）が御手洗辰雄証人を尋問することとなった。同弁護士が発言台に進み、尋問を始めんとする際、ウエッブ裁判長は例のごとく口を出して

「尋問の範囲を、陸軍との不一致により倒壊した若槻・犬養・広田・米内の各内閣に関することに限定する」

と言い出した。これに対し、スミス弁護士は発言台に進み

「広田被告を代表して、証人の尋問に関し裁判所が、不当なる干渉（アンデュウ・インタアフエヤレンス）をしているという理由をもって、異議の留保を行なう」

と述べた。ウエッブ裁判長はこの「不当なる干渉」という言葉をとらえて「スミス君、法廷内においては、慎重な言語を使わねばならぬ。法廷の不当なる干渉というような言語を使ってはならぬ。その言語を取り消し、かつ陳謝せよ。そうしなければ、なんじはこの法廷より退席せねばならない」

と宣した。

スミス弁護士は

「私は二十年間弁護士をしているが、この言語はアメリカの法廷では普通に使われている言語で、それが法廷侮辱になるとは考えられない」

と発言し、まだ続けようとしたが、ウエッブは、これをさえぎり

「裁判所は不当なる干渉という言語を撤回しない限り、何事をも聞かない」と主張し「即座に陳謝せよ」と再び要求したが、スミス君は

「承服できない」

と断わった。ウエッブ裁判長は十五分間の休廷を宣し、十五分の後、法廷再開、

「裁判所はスミス弁護人を今後審理より除外することを決定した。ただし、スミス弁護人が、先ほど法廷に対して発した言語を完全に取り消し、また自ら法廷に対して陳謝するまでである」

とつけ加えた。しかしスミス君は

「私は考えを変える意思もなければ、その理由も認めない。私は永久に広田被告の弁護人たる地位より除外されたことを認めざるを得ない」と言い、いったん自席に立ちかえり、書類をカバンに収め、これをこわきにかかえて悠々と法廷外に去った。鵜沢総明弁護団長や、ブルックス弁護人が、法廷外で裁判所とスミス君との間の調停を試みた趣であるが、スミス君は法廷には復帰しなかった。

これまでなら、日本人弁護士でも、やれそうな筋書きである。しかるにスミス君がやったことはそれからがちがう。その後、傍聴人席に現われ、訴訟の経過を監視し、広田被告のために、花井君とともに弁護資料を整理し、選択し、なすべきことは十分になし遂げ、広田の弁護が終わったときに平然として、帰米したのである。通常人の感覚では、いったん排除せ

られた法廷に出席し、傍聴席に入りて訴訟の進行を監視するというようなことはやり難い。しかもそれを平気でやり、また弁護資料の整理をなすなどということはなかなかしにくいことである。

スミス君には、このいきさつの外にもなお話がある。裁判所が管轄に関する異議を却下しながら、その理由を告げずして本案にはいるを不当とし、公訴棄却（ディスミッス）の動議を出した。これも裁判所のほうがわるい。またバランタイン証人反対尋問中、日米交渉中の米案に「日本の生糸を無税にする」との条項はうそであったと主張すると言ったとき、ウエッブはノボセて

「もしあなたが自国に対してきわめて不快なことの証明をなさんとするならば……」

と言いはじめた。これもウエッブの失言である。自国に対して不快であろうがあるまいが、担当被告のために有利なことはこれを発掘し、これを取り上げねばならぬ。デービッド・スミス君こそは、典型的に弁護士道を履践した硬骨漢といわねばならない。

弁護人らの関心事

〝陛下の出廷〟恐れる

東京裁判に当たって、われわれがいちばん心配していたことは、裁判官が天皇陛下を証人としてお呼び出しするのではないか。またその結果、検察官のうちソ連または中国、フィリピン出身の者が天皇追起訴の態度をとりでもした場合、どう対抗すべきであるか、ということであった。しかし今から考えてみれば、これは杞憂《きゆう》であって、連合軍わけても米側では、天皇制維持は既定方針として決まっていた。

さきにも述べたように、スチムソン起草のポツダム宣言の原案では、立憲制のもとにおける天皇制はこれを認めるつもりの明文があったが、宣言案をポツダムでイギリスのチャーチルに渡す直前に、この明文を削除した。そこで昭和二十年七月末から八月はじめにかけて、日本の閣僚諸君も連合国がこの問題をどうするつもりであるかをはかりかね、八月の二、三日ごろには鈴木貫太郎総理はむしろ黙殺の方針をとったのである。

しかるに、八月六日には原子爆弾が投ぜられ、またソ連の旧満州進入となり、ポツダム宣言に対する態度をさだめる必要がさし迫ってきた。そこで、こんにちではだれも知っている

通り、八月十日、中立国スイスを通じ
「右宣言は天皇の国家統治の大権を変更するの要求を、包含しおらざることとの了解のもとに、これを受諾す。帝国政府は右了解にして誤りなきを信じ、本件に関する明確なる意向が速やかに表示されんことを切望す」
との申し入れをした。
連合国側において内部的にどんな相談をしたかは当時はわからなかったが、こんにちになってわかったことは、つぎのようなことである。
トルーマン大統領は、ただちに国務省、陸軍省、海軍省の三長官および軍首脳部を集めて協議した。その席上、スチムソン陸軍長官は天皇制を保持することが、アメリカの利益であるとの理論をくり返した。リーイ提督も日本の留保を受諾し、天皇を利用したほうがよいと述べた。バーンズ国務長官は、無条件降伏の態勢をくずしたくないとの口吻《こうふん》であった。フォレスタル海軍長官は、日本の要請を受諾するとともに、ポツダム宣言の趣旨と目的は必ず貫徹する旨、降伏条件に明示する必要があると提案した。
要するに、大体の趣旨は天皇を保存し、こんごの占領行政にこれを利用しようということに方針が決まった。そこで、その回答案文作成をバーンズに委託した。バーンズは、直接に天皇制を保持するや否やということを明言せず
「降伏の時より天皇および日本国政府の国家統治の権限は降伏条項実施のため、その必

要とする措置をとる連合国最高司令官の制限のもとにおかるるものとす。日本国の最終的な政治形態は、ポツダム宣言にしたがい、日本国国民の自由に表明する意志により決定せらるるものとす」

と答えてきたのである。連合国よりは、直接に日本の問いに対して答えてはいないが、天皇は日本国占領中、最高司令官の下にあるとは言いながら、その存在は認めたうえの条件であるから、やはり天皇制それ自身の存在を承認したという趣旨である。すなわち日本の照会には、肯定的な答えを与えたのである。

思うに、トルーマンにしろ、スチムソンにしろ、ないしはグルーにしろ、当時は戦争末期であって、日本を憎む心はいっぱいであったにちがいない。従って天皇ご一家に同情してこの行為に出たものではなく、日本人の性格、ことに南方戦線または沖縄戦線において日本軍の抵抗がいかにも強烈で、日本本土作戦を実行すれば、どんなことが起こるかもわからぬとの心配から、国内の世論を心配しつつ、徹底的な無条件降伏、天皇排斥をなすことを得なかったのである。

そう考えてみると、今次戦争における戦没英霊は、わが国家の全滅を救い、不満足ではあるがポツダム宣言による条件的降伏と、天皇制護持の結果を得せしめてくれたものと考えてしかるべきものであろう。真に、二百万の英霊に感謝する。

九月二十二日にマッカーサーが厚木に到着し、引き続いて占領行政が開始し、本国からは日本における占領初期の政策なる指令が発せられた。

そのうちにも、天皇に関して、本国の指令なくして何事も専断できない旨の規定がある。東京裁判において検事団を主宰したキーナンも、天皇に対する方針は一定していて、陛下を起訴したり、証人として出廷をこうことは断然これをはねつけた。ただ裁判長ウエッブは、それが非常に残念で、真の責任者である天皇を証人に呼ばずして公正なる判決はできないことを、その裁判の個人意見に追加論述している。

前に言及した『マッカーサーとともに日本にありて』の著者ウィリアム・シーボルトは、マッカーサー自身がウエッブ裁判長の個人意見を批判したと、つぎのごとく記述している。

「マッカーサーは、ウィリアム・ウエッブ卿は安っぽい政策をもてあそんでいると思うと私に語った。それは明らかに、当時のオーストラリアの世論を考慮にいれたものだったのであろう。この意見書は、不可避的に退位に関する憶測を強めることになった」（訳文一四二ページ）

八紘一宇と皇道

かつて東京市長を勤めた永田秀次郎君は、兵庫県淡路の人で、姫路中学では、私より五年ほど先輩である。姫路中学では、永田君が同校出身の名士であるところから、国旗掲揚塔の基礎石に「八紘一宇《はっこういちう》」と書いてもらい、これを彫刻して精神修養の一端としていた。ところが、日本が戦いに敗れて敵軍占領となった時、こんなものが置いてあっては何といいがかりをつけられるかわからぬというので、校長先生や教頭先生がこれを引き抜いて泥沼に投げ込んだ。その後日本が独立し、こんな世の中になったから、それをさがそうと思って、私や永田亮一君（秀次郎君の相続人で代議士）らがさがし求めたけれども、まだ見当たっていない。八紘一宇というのは、米人では何の意味かわからない。ともかく、日本人が戦前に使った合い言葉であるから悪い言葉に相違ないと考え、いたるところでこれを破壊せしめた。しまいには、日本人までがこれを危険思想と考えるようになった。

東京裁判においては、検察側はむろんのこと、ウエッブ裁判長もこれこそ日本を侵略戦争にかりたてた世界征服思想であると信じきっていたようである。被告中、平沼騏一郎氏や荒木貞夫氏らはこれを憂え、この誤解を解きたいとの希望の切なるものがあった。いうまでもなく、八紘一宇は世界中の人類を一家のごとく考えるという平和な思想である。八紘というのは四つの角《かど》、四つの隅で、世界中ということ。一宇は一家で、八紘一宇といえば、世界中の人々を一家中の者のごとく相和するという意味であって、これが神武天皇肇《ちょうこく》国の理想である。

明治御一新の時、ある者は維新は建武中興を模範にしようという考えを持っていたが、岩倉具視や維新の中心人物は〝建武中興ではいけない。あの時は人材登用や賞罰に失敗している。明治維新は日本肇国の精神すなわち神武天皇の教えられた精神でいかなければならぬ〟といい、これが慶応三年（一八六七年）十二月の大号令となり、明治四年の廃藩置県となった。

明治精神はこの八紘一宇の肇国の精神にはじまるのである。この精神をけがらわしいもののごとく考えるようでは、日本は真実崩壊することになる。そこで、私らはわが国の古典、明治当初の文献などに翻訳をつけて提出し、なお平沼氏の推薦により井上孚麿氏を証人として、このことを十分説明してもらった。この証明は成功し、八紘一宇や皇道は日本道徳上の目標であると認めざるを得なくなった。すなわち、判決書（日本文）一三ページ下段より一九ページ上段にいたるまでに、つぎのごとく説明されている。

「皇道と八紘一宇の原理」

日本帝国の建国の時期は、西暦紀元前六百六十年であるといわれている。日本の歴史家は、初代の天皇である神武天皇によるといわれる詔勅が、その時に発布されたといっている。この文書の中に、時のたつにつれて多くの神秘的な思想と解釈がつけ加えられたところの、二つの古典的な成句が現われている。第一のものは、一人の統治者のもとに世界の隅々までも結合するということ、または世界を一つの家族とするということを意味した「八紘一宇」である。これが帝国建国の理想と称せられたものであった。その伝統的な文意は、究極的には全世界に普及する運命をもった人道の普遍的な原理以上の何ものでもなかった。

行為の第二の原則は「皇道」の原理であって、文字通りにいえば「皇道一体」を意味した古い成句の略語であった。八紘一宇を具現する途は、天皇の仁慈に満ちた統治によるものであった。従って「天皇の道」――皇道または「王道」――は徳の概念、行為の準則であった。八紘一宇は道徳上の目標であり、天皇に対する忠義は、その目標に達するための道であった。

これらの二つの理念は、明治維新の後に、ふたたび皇室と結びつけられた。一八七一年（明治四年）に発布された勅語の中で、明治天皇はこれらの理念を宣言した。その当時に、これらの理念は、国家組織の結集点を表現したものであり、また日本国民の愛国心への呼びかけともなった。

以上のごとく裁判は、八紘一宇が道徳目標であるということを明白に肯定しているのであるが、そのつぎにいたって、被告の中で裁判中から精神に異常をきたした大川周明などは、この言葉を自己の意図する拡張政策に結びつけてこれを用いたということは、やはり認めているのである。

この長い裁判で事実問題で弁護側の証明の成功したのは、ただ八紘一宇が侵略思想でないということと、タイ国はわが国の同盟国であって、タイ国の俘虜に対する虐待はあるはずがないという、二つぐらいである。その他のことは、立証され、また検事が誤りを認めていることでも、さきに述べた広田の軍事参議官問題のように、判決では誤りをのこしている。

引用した文書は、日本のわれわれとしては全体として否認しているものであるけれども、敵意をわれわれに対してもっていた裁判官さえ、八紘一宇の思想は道徳目標と認めざるを得なかったということを示す大きな事実である。

ニュルンベルクと同一ならば

ドイツと日本では、終戦の事情が違う。ドイツではヒトラーも死亡し国土は連合軍に分割占領せられ、真に無条件降伏した。わが国の場合は、沖縄は失陥したが、本土の全部に対して敵はまだ一兵も上陸していない。国内にも本土決戦論もあった。この時にポツダム宣言があったから、その意義を研究し、また照会したうえでこれを受諾した。

ポツダム宣言の中には、俘虜を虐待した者を含む戦争犯罪者は裁判に付するとある。連合国はこの条件を守る義務がある。ニュルンベルクと同一の裁判をなすべきでないとくり返し弁護側より抗争した。

しかるにウエッブ以下（ただしインドのパール判事を除く）の裁判官の耳には、この言葉がはいらない。ニュルンベルクとほとんど同一文の憲章を、ニュルンベルクと同一に適用した。ウエッブは、刑の量定までもニュルンベルクの基準によるべきだと称した。彼らの理解では、東京裁判とニュルンベルク裁判とは、同一性質、同一根拠の裁判である。それならこれは、復讐を目的とする裁判であったと定義せねばならぬ動かすべからざる証拠がある。

一九四三年（昭和十八年）の一月二十六日に、ルーズベルト大統領とチャーチル首相が、アフリカの西岸カサブランカで会合したことがある。この時戦争遂行及び処理方法を談じ合った。このとき発表した宣言が、カサブランカ宣言である。このとき両国は枢軸国に対しては、無条件降伏を求むることをきめた（ただし日本に対しては後にこれを変更したことは、本物語りのはじめに説明した）。

しかしてドイツに対しては、これを実行した。すなわち無条件降伏という内に復讐裁判が含まれていたのである。その証拠には同じ一九四三年の二月十二日、リンカーン誕生日にルーズベルト大統領がなした演説中に、次の句がある。

「……われわれ連合国が、枢軸国、あるいは枢軸派と交渉する唯一の条件は、カサブランカで宣言した条件、すなわち無条件降伏である。それは彼らの犯罪的な、野蛮な指導者に対しては処罰を加え、報復を加えることを意味する」

無条件降伏は敵国指導者に報復を加えることを意味する、とルーズベルトは演説した。これは、甲第一号証である。

一九四五年五月、ドイツ壊滅後、同年八月八日に連合国はロンドンに会合し、ドイツ処理の方法を議した。この会議に、ソ連を代表して参加したのはトライニン教授である。この教授はそのころ『ヒトラー一味の刑事責任』という書を出版した。そのなかに、

「ヒトラー一味の犯した罪に対する彼らの刑事責任の問題は、最も重要な問題である。ヒトラー一味の殺戮《さつりく》者どもが、その極悪非道の諸犯罪によって、世界のすべての公明誠実な人々、並びにあらゆる自由を愛する人々の胸の中に、最も熾烈な、そしておさえることのできない憎悪並びに仮借することのできない応報に対する渇望をわき立たせた今

日、この問題はきわめて切実なものとなった」

これはまたヒトラー一味に対する裁判が、復讐裁判であったことを立証する甲第二号証である。

右のロンドン会議に、合衆国を代表して参加したのは有名なジャクソン判事であった。同判事はこの会議の結果をルーズベルト大統領に報告し、ヒトラー一味に対しては裁判を用いず、これに制裁を加えることも理屈として可能であるが、やはり公平のため裁判の形式を取ることとしたと報告している。裁判の形式を取らずに、降伏した旧敵国指導者を殺戮することは報復それ自身であり、かりにその代わりとして裁判をしたところで、その裁判は報復裁判である。これはニュルンベルク裁判が復讐裁判であったことを立証する甲第三号証である。しかもウエッブらはニュルンベルク裁判と東京裁判とは、同一性質の裁判であるとの前提で審理し判決したのである。

イエス・キリストは極力復讐を排斥している。復讐なり、応報を禁ずる教訓はバイブル中いたるところに出ている。しかし、人性の浅ましさが、相手より乱暴を受けるときは、腹も立つ、仕返ししたくもなる。右の頬《ほお》を打たれて、左の頬をも出すことは、なかなかできにくい。ルーズベルトとチャーチルがカサブランカで会った時代には、報復を言い出すのも無理のないところもある。また国内の士気を鼓舞する必要もあったろう。

しかしながら実際に勝利をえて、敵が条件付きまたは無条件で降伏した場合に、正常心にかえることができなかったのであろうか。

パール判事は「復讐の欲望を満たすために、単に法律的な手続きを踏んだにすぎないというようなやり方は、国際正義の観念とはおよそ縁遠い。こんな〝儀式化された復讐〟は瞬時の満足感を得るだけのものであって、究極的には後悔を伴うこと必然である」と言っている。

しかし東京裁判が復讐裁判だと定めた以上は、日本の元指導者に一等兵と同一待遇を与えるといったり、証人として出た日本の元総理大臣に対し、君は大馬鹿者（スチュピッド）だと言ったり、ことさらに日本の旧大本営を法廷に選んだり、天皇誕生日を起訴状交付の日としたり、死刑の形式を絞首としたり、検察官さえも無罪だと信じ切っていた被告に七年の重労働を課したり、不条理千万な証拠拒否をしたりしたのは、よく目的にかなった行動であって、諸公はよく成績をあげたとして、連合国側より称賛されるべきものでもあろう。

検察側の想定

雄大なドラマの創作

歴史上ある事実があった場合、それをそのまま叙述せずに、この筋書きに、ある意味を写し、想像的事実を付加して、歴史上の事実を美化したり、誇張する。多くの戯曲や、歴史小説はこんな経路で成立する。かのダンテの神曲もその一例である。吉川英治氏の残した多数の歴史小説もまた、本当の歴史上の筋書きに同氏の想像を加えたものであった。

本件裁判における起訴状は訴因一より五十五に及び、きわめて長文のものであるが、その一例としてここに訴因第一を掲げてみる。

「訴因第一　全被告は他の諸多の人々と共に、一九二八年一月一日より、一九四五年九月二日に至るまでの期間において、共通の計画、又は共同謀議の立案又は実行に指導者、教唆者、又は共犯者として参画したるものにして、前述の計画実行につき、本人自身より為されたると、他の人により為されたるとを問わず、一切の行為につき責任を有す（第二項略す）」

訴因第二ないし第十七までの各訴因の冒頭には、いずれも前記のごとく「一九二八年一月一日より、一九四五年九月二日迄の期間に於て云々」を冠らせている。われわれは本件裁判はポツダム宣言、ことにその第十条に基づいて設定せられたものであり、ポツダム宣言なるものは太平洋戦争を終わらせるための約束であるから、戦争犯罪というのも、太平洋戦争におけるものに限ると信じていた。今もそのように思っている。

しかるに検察官はそれよりも十七年もさかのぼって、一九二八年（昭和三年）以来の戦争犯罪に及ぶとして起訴した。一九二八年ごろより被告ら全部が東亜制圧の大きな計画を夢み、共通の計画、準備、実施を遂げんとした東亜の天地をおおう雄大至極な一大戯曲の役者であったのだと起訴し、後には裁判所も一部は制限したが、大体においてこの絵図を承認した。

こんな拡大を可能にしたのは、英米法にいわゆる、共同謀議（コンスピラシー）の観念を類推したのに由来する。私の持っている英法の辞書には「コンスピラシーとは、ある個人、または階級、または社会に有害な事柄をなそうという二人またはそれ以上の人間の結合であって、目的行為の遂行が出来ても出来ないでも、この結合は軽罪（ミスデミーナー）を構成する」と書いてある。

そして本件検察官は共同謀議が存する以上、いったんこれに参加した者は、その時以後、明確に、これより離脱しない限り、その者が知ると否とにかかわらず、他の者がなした全行為、ならびに言辞につき責任を負う。ただし、それらの言動は、その者が加わりたる計画の範囲内たるべし、と論じている（たとえばコミンズカー検事最終論告）。ゆえに共同謀議の観念は、わが国や、大陸法系の共同正犯、教唆犯、または従犯等とは全く考え方を異にした法理である。

これを国際裁判における「法」の一部として採用するについては大いに議論がある。現にハーバート・ロウ・スクールのフランシス・B・セイヤー教授は、共同謀議の理論は変則的、地方的の理論であると指摘された趣である（『東京裁判の正体』六九ページ）。

私の論は、仮に共同謀議の理論を借用するとするも、わが国の場合、本件の事案にこれを適用するのは前提をあやまっているというのである。わが国では一九二八年、田中義一内閣時代に膨張政策実行の団体でもあって、多くの人がこれに加入し、ついには太平洋戦争となったという事情ではない。田中義一内閣が倒れた後には反対党であった浜口内閣が成立した。

この内閣がどうして田中のコンスピラシーに加入するものであろうか。その後にはまた反対党の犬養毅内閣が成立している。軍部の将軍連も皆政府の任命でその地位につき、本人の希望のみによるものではない。もっともこの時代に神武会とか桜会とかいうものがあって、ある数の者の加入した団体があった。

それはそれとして何らかの不当の行動があったならば、それに応じた責任をとるべきであるが、訴因第一ないし第十七には「全被告は諸多の人々と共に一九二八年一月一日より一九四五年九月二日まで（中略）一切の行為につき責任を有す」と訴追している。その不合理な言い分であること一見明瞭である。

この起訴状の期限特定につき研究してみよう。終期たる一九四五年九月二日というのはわが国代表者が降伏文書に調印し、戦争を終結せしめた日であって、その日以後に戦争犯罪のあろうはずはない。これはわかる。

ただその始期を一九二八年一月一日としたのは何ゆえであろう。この時は田中義一大将の内閣であった。同内閣は前年四月成立し、五月には山東出兵を決定した。これは英仏側に立ってのことである。六月一日には旧憲政会、政友本党が合して民政党が成立し、衆議院に多数の議席を有するに至り、十二月二十四日に開かれた第五十四帝国議会に政府不信任案を提出した。政府は一月二十一日右不信任案上程直前、衆議院を解散した。

一九二八年（昭和三年）一月というのはこんな時代であり、後十八年間も継続し、発展し、ついに太平洋戦争に至らしめるような団体が、公にも、私にも、存在していた証明は少しもない。一大ドラマの序曲は空想で作られた。その原因は検事のいだいた田中上奏文の過信であった。

むなしい新証言

キーナン検事やコミンズカー検事などの手腕には、私は敬服するところもある。これらの人々が事件の取り調べにかかったのは、早くとも昭和二十年の九月中ごろと見ねばならない。それまでには、日本の歴史も知らず、日本語も漢字も知らぬ人が、わずか半年の間にあれだけの事実を調べ上げ、五十五の訴因にまとめ上げ、それを支持する書証、人証を取りそろえた努力は買われねばならない。

そのうちには、われわれ日本人さえ知らなかった資料さえある。たとえば、日本の民主化の経路を証明せんとするとき、枢密院が普通選挙法案提出には治安維持法案と併行提出すべきことを条件としたとして、枢密院筆記を捜し出して提出した。この時までは、普選法と治安維持法とがそんな密接な関係があったことはだれも知らなかった。また昭和六年、尾崎行雄先生と私との連名で、南陸軍大将に満州（現中国東北部）出兵を慎まれたき旨の手紙を出した。だれもこれを知るものがなかった。キーナンはこれを証拠として提出する前に、ソッと私を法廷のすみに引っぱって行き「君、これは否認しまいな」とからかった。ずいぶんよく調べたものである。しかし田中上奏文（偽物）をつかんだだけは千慮の一失というべきである。

検事が本件各訴因で共同謀議の始期を一九二八年（昭和三年）一月一日としたのは、てっきり田中上奏文を見てのことであろう。もしこの上奏文が本ものであったならば、かく考えるのは無理もない。検事は二十一年、証人として秦徳純将軍を出廷させて、この文書を証明しようとしたが、この証言は林逸郎弁護士の反対尋問により破られてしまった。

秦徳純証人は、ついには「それが真実のものであるということを証明することは出来ないが、同時にまた真実でないということも証明することはできない」ということになってしまった。

八月二日、奉天領事をしていた森島守人氏が出廷して「田中メモは聞いたことがある。またそれが偽物であることも承知している」と証言した。判決ではこの証拠は無視された。しかし、こんな大騒動を起こした書類であるから、スペースの許す限り以下これを複写して見る。

「昭和二年（民国十六年）七月二十五日
内閣総理大臣、田中義一、群臣を行率し、誠皇謹恐、謹しみて私が帝国の満蒙に対する積極的根本政策に関する件を奏す。

満蒙に対する積極政策
所謂満蒙とは、即ち奉天、吉林、黒竜江及内外蒙古是なり。広袤《こうぼう》七万四千里、人口二千八百万人にして、我が日本帝国の国土（朝鮮及台湾を除く）に比し三倍を逾《こ》え、その人口は我が国の三分の一に過ぎず、地広く人稀にして、人をして羨望せしめるのみにあらず、農鉱森林等の豊富なること世界にその比を見ず。仍って我国はその富源を開拓し、帝国永久の繁栄を培養せんと欲し、特に南満州鉄道株式会社を設立し、日支共栄共存の美名を藉《か》りて彼地の鉄道、鉄鉱、鉱山、森林、農業、畜産等に投資すること四億四千万円に達す。是れ我国企業中組織の最も雄大なるものなり。しかしてその名目は半官半民なりと雖も、その実権は悉く政府の執るところなり。且つ之に外交、警察及一般政権を賦与して帝国主義を発揮せしめ、特殊の社会を形成せしむるに至りては、第二の朝鮮総督と異るなきなり。即ち、満蒙に対する権益は巨、且大なることを知るべきなり。
故に歴代内閣の満蒙における施政は、明治大帝の遺訓を奉じ、その規模を拡張し、新大陸政策を完成して、以て皇祚《こうそ》の無窮と国家の隆昌とを保有せんとせざるなし。

欧州戦後、外交内政の変革に従い、東三省当局も亦日に覚醒し来り、我国の後塵に従い着々産業の隆盛を謀りつつありて、その進展の迅速なる実に人をして驚異せしむるものあり。従って我国の勢力侵入に莫大の影響を受け、幾多不利なる事象を惹起し、歴代内閣の対満蒙交渉をして成功不可能ならしむるに至れり。殊にワシントン会議における九ヶ国条約の成立によりて我国の満蒙特殊権益は制限せられて、自由の行動不可能となり、我国の存立も亦従って動揺するに至れり。この種難関はよろしく之を打開するに非ざれば我国の存立亦鞏固《きょうこ》なる能わず、国力発展の拠るところを失うものなり。

満蒙の資源は悉く北満地方に集中せるに、我国が自由進出の機会を失うことにより、満蒙の富源を私有となすに由なきに至るべきは論なきところなり。即ち日露戦争によりて獲得せる南満の利権は九ヶ国条約によりて多大の制限をうけ、我国をして陸続として茲《ここ》に進出することを不可能たらしめるに反し、支那人民が潮の如く毎年東三省に移住し来たり、その勢万馬奔騰《ほんとう》の概あり、数にして約百万人を左右す。甚しきは、我満蒙における既得権を威圧とし、我国毎年過剰人口八十万人をして安住の地なきに至らしむ。これ我国の人口及び食糧調節政策上遺憾に堪えざるところにして、支那人の満蒙流入に対し之が阻止の方法を講ぜざるにおいては（略）必ずや我満蒙に対する困難を益々過大ならしむべきなり。（以下略）」

広田を死刑に導いた「国策の基準」

昭和二十三年十一月十二日、各被告に刑が宣告せられ、新聞やラジオに公になった。そのうちでただ一人、文民であった広田弘毅氏への死刑言い渡しには世間は驚いた。広田氏はそれについては何とも言わない。しかるに、だれいうとはなしに、広田を救えとの声が起こり、広田助命の署名運動が起こったのを記憶している。

広田氏が死刑の宣告を受けねばならぬ羽目に至った事情は、かくのごとくである。

始めキーナンその他検事諸君は、かの田中上奏文なるものを入手した。前項に摘記したのは上奏文の一部である。本文はまだ摘記部分の二倍もあり、別に十九か条の実行方法まであげてある。検事諸君はこれが、日本の膨張政策の脚本だ、ヒトラーのマイン・カムプに相当するものだと考え、これを基本として訴因を組み立て、共同謀議の発生初期を昭和三年一月一日（田中内閣の時）とし、終期を昭和二十年九月二日とし、その間種々の公文書、私文書を捜索充当し、いろいろの証人を物色し、過去十有八年にわたる日本の東亜、ひいては世界侵略の絵巻きを展開せんとした。

しかるに田中上奏文なるものが、何人《なにびと》かが作った偽作であることが判明した。検事にしても、また検事より予告を受けていた裁判官にしても、これに替わる基礎的計画書がなければ共同謀議の根本がくずれる。ここに上奏文に替えて飛びついたのが広田内閣成立初期（昭一一・八・一一）に決定した「国策の基準」である。非常に重要な文書であるから、ここに全文を掲げる。

【国策ノ基準】

一、国家経綸ノ基本ハ大義名分ニ即シテ、内、国礎ヲ鞏固ニシ、外、国運ノ発展ヲ遂ゲ、帝国ガ名実共ニ東亜ノ安定勢力トナリテ、東洋ノ平和ヲ確保シ、世界人類ノ安寧福祉ニ貢献シテ、茲ニ肇国ノ理想ヲ顕現スルニアリ。帝国内外ノ情勢ニ鑑ミ、当ニ帝国トシテ確立スベキ根本国策ハ外交、国防相俟ツテ東亜大陸ニ於ケル、帝国ノ地歩ヲ確保スルト共ニ、南方海洋ニ発展スルニ在リテ、基準大綱ハ左ニ拠ル。

（一）東亜ニ於ケル列強ノ覇道政策ヲ排除シ、真個共存共栄主義ニヨリテ、互ニ慶福ヲ頒《わか》タントスルハ、即チ皇道精神ノ具現ニシテ我対外発展政策上常ニ一貫セシムベキ指導精神ナリ。

（二）国家ノ安泰ヲ期シ、其ノ発展ヲ擁護シ以テ名実共ニ東亜ノ安定勢力タルベキ帝国ノ地位ヲ確保スルニ要スル国防軍備ヲ充実ス。

（三）満州国ノ健全ナル発達ト、日満国防ノ安固ヲ期シ、北方蘇国ノ脅威ヲ除去スルト共ニ、米英ニ備ヘ日満支三国ノ緊密ナル提携ヲ具現シテ、我ガ国際的発展ヲ策スルヲ以テ大陸ニ対スル政策ノ基調トス。而シテ之ガ遂行ニ方リテハ列国トノ友好関係ニ留意ス。

（四）南方海洋、殊ニ外南洋方面ニ対シ我民族的、経済的発展ヲ策シ、努メテ他国ニ対スル刺戟ヲ避ケツツ漸進的、和平的手段ニヨリ我勢力ノ進出ヲ計リ以テ満州国ノ完成ト相俟ツテ国力ノ充実強化ヲ期ス。

二、右根本国策ヲ枢軸トシテ内外各般ノ政策ヲ統一調整シテ現下ノ情勢ニ照応スル庶政一新ヲ期ス、要綱左ノ如シ。

（一）国防軍備ノ整備ハ、

（イ）陸軍軍備ハ蘇国ノ極東ニ使用シ得ル兵力ニ対抗スルヲ目途トシ、特ニ其ノ極東兵力ニ対シ開戦初頭一撃ヲ加ヘ得ル如ク、在満兵力ヲ充実ス。

（ロ）海軍軍備ハ米国海軍ニ対シ、西太平洋ノ制海権ヲ確保スルニ足ル兵力ヲ整備充実ス。

（二）我外交方策ハ一ニ根本国策ノ円満ナル遂行ヲ本義トシテ、之ヲ綜合刷新シ、軍部ハ外交機関ノ活動ヲ有利且円満ニ進捗セシムル為、内外的援助ニ勉メ、表面的工作ヲ避ク。

（三）政治行政機構ノ刷新、改善及財政経済政策ノ確立、其ノ他各般ノ施設運営ヲシテ右根本国策ニ適応セシムルガ為、左記事項ニ関シテハ適当ノ措置ヲ講ズ。

（イ）国内輿論ヲ指導統一シ非常時局打開ニ関スル国民ノ覚悟ヲ鞏固ナラシム。

（ロ）国策ノ遂行上必要ナル産業竝ニ重要ナル貿易ノ振興ヲ期スル為、行政機構竝ニ経済組織ニ適切ナル改善ヲ加フ。

（ハ）国民生活ノ安定、国民体力ノ増進、国民思想ノ健全化ニ就キ適切ナル措置ヲ講ズ。
（ニ）航空、竝ニ海運事業躍進ノ為、適当ナル方策ヲ講ズ。
（ホ）国防及産業ニ要スル重要ナル資源、竝ニ原料ニ対スル自給自足方策ノ確立ヲ促進ス。
（ヘ）外交機関ノ刷新ト共ニ情報宣伝組織ヲ完備シ、外交機能竝ニ対外文化発揚ヲ活発ニス。

むろん当時は公にされていない。これを検察眼により猜視《さいし》すれば、これこそ日本の不法侵略の意図を固めたものである。この決定の時の首脳者が広田であるとすれば、広田は侵略の主唱者であるとの検察官、裁判官の心証を生じたのは無理からぬところである。昭和十五年七月の「基本国策要綱」も「情勢の推移に伴ふ帝国国策要綱」も、実は広田の右「国策の基準」に従い、これを発展せしめたのに外ならない。さればこそ、広田有罪の認定理由（日本文判決二二二ページ下段）にも主としてこれをあげた。

なおこの上に、昔広田氏が外務大臣をやっていたとき、一九三七年（昭和十二年）と一九三八年一月および二月に、日本軍の南京における残虐行為に関する報告を受け取った。弁護人の証拠によれば、これらの報告は信用され、この問題を陸軍に照会されたという。陸軍省から残虐を中止させるという保証を受け取った。この保証が与えられた後も、残虐行為は一か月間も続いた。このとき残虐行為をやめさせるため、直ちに措置を講ずることを閣議で主張しなかったことも広田の責任としてあげられている（日本文判決二一二ページの中段）。しかし、これだけでは死刑にはならなかったであろう。

冒頭陳述とその批判

侵略か防衛か

これまで、いろいろと東京裁判の追憶談をしてきた。検察側の起訴状のこと、訴因のことも一部触れたが、被告側の抗弁についてはまだ言及していない。しかし、これを説明しようとすれば、自然、私が被告の大部分を代表してなした冒頭陳述の内容を表現することとなる。これを何とか工夫して大意を伝えたいと思う。当時、日本国内で、自由率直の発言ができたのはこの法廷だけであったから、私の発言（実は多数弁護士の合作）について、心から共鳴する人も多く、また外国筋よりは反駁の声も聞こえた。私はまず、

第一部、一般問題
第二部、満州及び満州国に関する事項
第三部、中華民国に関する事項
第四部、ソビエト連邦に関する事項
第五部、太平洋戦争に関する事項

の五部門にわけて陳述するよう予告した。

〔一般問題〕

検察官は日本国政府が一九二八年、すなわち昭和三年より、一九四五年、すなわち昭和二十年九月二日の間に日本政府の採用した軍事措置が、国際公法から見てそれ自体犯罪行為であるとしておられます。検察官は日本の政策が犯罪であると論ずるのみならず、もし国家が侵略的戦争または条約違反の戦争を起こした場合に、たまたまその局に当たり、戦争遂行の決定に参加した個人は、犯罪者としての責任を免れないというのであります。言いかえますれば、本件においては被告を含む日本国家が、検察官の指摘する十七か年の全期間にわたって、国際法的の犯罪を続行していたということが、検察側の根本の主張であるのであります。

被告はまずこれを極力否定するものであります。また弁護人のほうでは、主権ある国家が、主権の作用としてなした行為に関して、ある者が当時国家の機関たりしとのゆえをもって個人的に責任を負うというがごときは、国際法の原理としては一九二八年においては無論のこと、その後においても成立していなかったことを上申するものであります。

この前例もなき本件において、日本国が一九二八年以来とりきたった防衛措置、陸海軍の準備的措置が、侵略の性質を帯びたりや否やということが、重大な問題であります。

各国の準備的措置は必ずや、常に他の国の行動を眼中に置きまして作成せられるものであることは、特にここに申し上ぐる必要もなきほどに原則的な事柄であります。この重要事を念頭に置かずして、準備的措置に不正の目的があったか否かを判定することは出来ませぬ。一国が常備軍を倍加したということだけを聞きますと、その国は侵略者なるがごとく攻撃せられるかもしれませぬが、その後に至り、その隣邦が常備軍を三倍にしていたという事実が明白になりますれば、前者の行為は道理もあり、もっともなことであると考えられます。このことはありうべきことでもあり、また歴史上、現に発生したことでもあります。

本件においては日本陸海軍の防備行動が裁かれるのでありまして、外国、わけても本件に原告となっている一部の国家のそれは審判の対象でないことは、弁護人はよく理解しております。しかしながら、日本の採りたる施策及び措置の性質を決定する必要の限度においては、他国の同一行動を簡単に証明することは、許されるであろうと予期いたしております。

〔三重大事項〕

さらに起訴にかかる期間中の日本の対内、対外政策の本質を正当に理解していただくために必要な三つの重大事項について、本劈頭《へきとう》陳述において略述せねばなりませぬ。この三点というのは、（1）独立主権の確保、（2）人種的差別の廃止、ならびに、（3）わが国外交の原理、この三つであります。それは単にこの間の特定の内閣（それはずいぶん多数でありましたが）が立てた方針でもなく、また特定の党派の主張でもありません。それは一八五三年（嘉永六年）日本が外国と交際していらい、全国民に普遍的にいだかれていた国民的、永続的かつ確固たる熱望であります。言論、教育、信教の自由と同じ重要性を有しているものであります。

東亜の安定

〔1、独立の保持〕

この国民的特徴の第一は、日本国民はこの国家を完全なる独立国家として保持して行きたいという熾烈なる念願であります。ペルリ提督と徳川将軍との間に結ばれましたかの安政条約は、一方においては治外法権を認めて国家主権を傷害し、他方においては関税自主権を侵犯いたしました。それゆえにこれは深刻なる国民の苦悩でありました。

明治時代を通じて、日本の有力指導者の念願は、この国の地位を向上進展せしめて完全なる独立自主の国家たらしむるにあったのであります。この理想は前大戦の後にウィルソン大統領によって唱導せられました主義とも相合するものでありますから、その正当性については容易に当法廷の御承認を受けうると思っております。

弁護人のほうでは、この考えが国民の普通の念願であり、待望であったことを証明しようと期しております。

〔2、人種差別の廃止〕

その二は人種差別の廃止の主張であります。一体、差別待遇はこれをなすものよりも受けるもののほうに非常に強く響くものであります。差別待遇の廃止をなし遂ぐるためには、こちらのほうで修養、教養の水準をたかめねばなりません。日本朝野はこのことの必要性につき、盲目であったのではありません。道徳や慣習に改むべきものがあったならば、快くこれを改める必要を認め、かつその改革を実行いたしております。ただ世界の文化は唯一ではなく、民族と人種の数に応じて多数であります。

各民族はおのおのその歴史と伝統を持っております。従ってここに文化は発生し、かつ進化するのであります。

東亜には東亜固有の文化がありますから、これを保持し醇化し、東洋人全体の地位を、いずれの点においても世界の他の人種、国民と平等な水準にまで向上確保して、もって人種の進歩発展に貢献したいというのが、日本人の念願であります。

人種平等の理想はただ日本人だけを、欧米人と同一の地位に達せしめましても、その目的は達しませぬ。差別の完全撤廃のためには、事の性質上、東亜全域の同胞の地位を高揚しなければなりませぬ。ある少数の著者は、この理想の表現に誇張の言を用いた場合もあります。

しかし、かかることは例外でありまして、日本人は東亜諸民族とともに、欧米人と対等の地位に進まなければならぬと言うことは、国民の間における普遍的の念願でありました。このこともまた、日本人が人種的優越感をいだきたりとの意味の、検察側主張の誤りなることを明らかにするために、立証することを期しているのであります。われわれは中国革命の父孫逸仙博士、インドその他の地方の先覚者に対しても、これに対して共鳴の思想を表示された事実をもあわせて明らかにするでありましょう。
もし、右に関する真意が正しく了解せられれば、他の人民や他の国家との間に反目は必ず消失したはずでありました。

〔3、外交の要義〕

第三の事柄は日本で「外交の要義」と名づけていたものであります。明治時代この方、わが官民の間に外国との関係において普遍的に存在した理想は、東洋の平和を維持し、これによって世界の康寧《こうねい》に寄与するということであります。これは公文書や御詔勅では「日本国交の要義」と書かれております。この意味は日本の外交を指導する根本的理念ということであります。一八九四年から五年への清国との戦争、一九〇四年、五年の日露戦争も、それがために戦われたのであります。

このことはおのおの開戦の詔勅にも明記せられております。当年の東亜の情勢から見ますれば、日本は欧米の文明を先に導入して、完全なる近代国家としての資格を備えた唯一の国家でありました。中国は地大物博の国ではありまするが、当時は各国の勢力範囲に分割せらるる危険にひんしておりました。南方諸地域はすでに西洋各国の支配下に立つに至っております。

かかる状況の下において日本人は心からわが国がいわゆる安定勢力たるの使命をもつものと考えたのであります。これは被告らのみによって考えられたものではありません。それより二世代も前からの、日本国民の基礎的主張であります。この原則は世界の大国によって承認せられておるものと了解しております。なんとなれば、日英同盟はこれを承認して結ばれ、また更新されたものであることが立証されます。この使命遂行のために戦われた日露戦争には、米国の朝野をあげて好意を寄せられたことは、今日に至るもわれわれ日本人の忘れざるところであります。

右の東亜安定の主張は決して侵略的のものではありません。一方においては東亜における政治的、経済的の混乱を防止し、他方においてはアジア種族の共通的発達を助け、これによって窮極的には世界人類の進歩発展に寄与するのであります。以上の観念に照らすことによってのみ、日本と隣国との関係が理解し得らるるのであります。

〔中国の自存と発展〕

日本の朝野は隣邦中国の自存と発展に対しては、格別の同情を寄せて参りました。このことは、明治以来のたびたびの公私の文書にもよく表現せられております。当時中国とわが国との関係を表示するため譬喩《ひゆ》として用いられました「唇歯輔車」という格言がありますが、これはクチビルが滅びれば歯はおのずから寒きを感ずる、「車の両輪」は相互にたすけ合うという意味であります。

さらに「同文同種」というのは両国が同じ文字を用い、同じ儒教の道徳を尊重する同じ人種の国であることを表わす格言であります。

一九〇〇年代の初めころから、わが国は多数の中国人留学生を招きました。蔣主席もその中の一人であられました。一九一一年、すなわち辛亥《しんがい》の中国革命以来、わが国朝野は孫文先生の志業に非常に好意を寄せました。わが参謀本部並びに軍令部では年次作戦計画というものを作っていたことは、検事がご指摘の通りでありますが、ただ中国に対してはかくのごとき全面的な仮定的作戦計画さえも立てたことはありません。

以上の事柄の立証は起訴状に記載せられある数個の主張並びに記録中の証拠を否定するために、ご判断の助けとなりうることと思います。

以上は被告の冒頭陳述のごく一部でありますが、読者中に全文を知りたいとの希望が多いので、本書の付録として全文を載せました。その限りにおいて前章と本章とは重複します。寛恕《かんじょ》を乞《こ》う。

蘇峯先生の激励

前項まで二回にわたり、私の冒頭陳述のうちで、一般問題に関する部分のごく一部分を引用した。全文はあまりに長くて、ここに引用できない。こんなふうのものであったと、ご承知願いたい。

私のこの冒頭陳述中に含まれた所見に対しては、賛否の声が各方面に起こった。私に対しても感謝の手紙と、叱責《しっせき》の手紙もこもごもたくさん来た。ことに面白いのは、平生こんなことには興味をもっておられないと思っていた穂積重遠君が、わざわざ筆をとって謝意を表し「日本及び日本人の名誉のため特に後半期の御奮闘を祈ります」と付言せられた。これに反し外国ことに米国あたりの新聞の評判の悪かったのは、むろんのことであった。二月二十六日のAP電で（私の演述は二月二十四日午前十時半より）ニューヨーク・タイムズの痛烈な批判を伝えてきた。

「清瀬弁護人は、日本は軍事的攻勢の包囲環の犠牲者に過ぎないと論じたが、もしいっさいの日本の行動が『自衛』であったとしたら、それは盗賊の犠牲者に対する『自衛』にほかならないであろう。かつて日本の戦争指導者どもがその犯罪弁護に言いふるした、古くさい神話や、宣伝が、東京の戦争裁判で口にされているが、これらのことは、ナチス党の戦犯者たちでさえ、あえてしなかった思い上がりである」

と。APの記者は私がつぎのように弁解したと言っているが、私はそんなことを言ったかどうか覚えていない。いわく

「外国人がそう思うのは（前記ニューヨーク・タイムズ電をさす）当然で、日本の態度を外国人にわかってもらうことは、なかなか困難である。私は冒頭陳述の中で、日本精神の正しさを裁判長や、全世界の人々になっとくしてもらおうとした。それはわれわれの義務である」

と。日本の新聞でも朝日や読売などは、各その社説において清瀬論旨を批判した。

そうかと思うと、翌月の三月二日に至り、言論界の大長老、徳富蘇峯先生は日本言論界の冷淡な態度を憤慨され、わざわざ私に書面を寄せられた。私はこの蘇峯老人の手紙を記念と

して、今に保存している。ここに原文のままを引用してみる。

まず欄外に「悪筆御難読恐悚《きようしよう》ニ候」と記入されている。

「恭啓一年ニ垂ントスル御苦心御精勤、今ヤ、イヨイヨ本舞台ニ入リ、別シテ御主張拝聞申上候（注＝ラジオでか）。今日ニ於テ、最モ不愉快ナルハ本邦言論界ノ本裁判、特ニ尊先生ニ対スル態度也。対手国側ノ言論界ハ兎モ角モ、自国側ノ言論界ハ今少シク日本人ラシクアルベキ筈ノトコロ、丸ルデ他邦人口調デハ到底、箸《はし》ニモ棒ニモカカラヌトハ此事ト存候。尊先生ハ此際日本国ヲ代表シテ、世界ノ法廷ニ向テ明治維新ノ皇謨《こうぼ》以来ノ真面目ヲ御説明相成候事ナレバ、天下ヲ挙テ之ヲ非トシテモ決シテ御躊躇ハナキコトト拝察候得共、斯ル情態ナレバ、此際、一層明快剴切《がいせつ》天下千秋ノ公論ヲ開拓スル為メ、御奮闘奉祈上候。老生衰朽病羸、徒ニ伏枕呻吟候得共、君国奉仕ノ一念ハ寸刻不レ能ハレ忘ルル仍テ乍ラ二卒爾一区々ノ微衷ヲ拝叙シ、声援（此言ハ僭越ナレドモ）申上度如レ此御坐候。士者特立独行、適二於義一耳、不顧人之是非、皆豪傑之士、信道篤、而自知明者也トハ実ニ尊先生即今ノ立場ヲ、千年以前ニ語リタルモノト存候。過日林逸郎先生ニ手交候拙文ハ、尤モ法律離レノシタル茫洋タル閑言論ニ類スルモ、少クトモ高論ヲ旁証スルニ足ルモノアリト確信候間、何トカ滄海ノ一粟トシテ、御用立被下度、且又同時ニ之ヲ中外人――特ニ日本人――ニ示スノ機会ト便宜トヲ御与被下度、切ニ希望仕候。病来久振廃筆硯、力疾相認候間、旁々御推読是仰。

昭和二十二、三月初二、徳富猪一郎頓首
清瀬先生坐右
別段不及御返答、但林先生ニ御廻示奉願上候」

文中、林先生に手交候拙文とは、われわれの立場を証明すべきアフィダビット（口供書）である。これをまず訳文とともに法廷に提出して、自分（徳富）を証人によんでくれとのことである。この時、徳富先生は八十八歳で熱海の鎌倉山に住んでおられた。御出京さえ並みたいていのことではない。林君はこの指示に従い、このアフィダビットを法廷に提出したが、ウエッブ裁判長は例のごとく、これは意見であって事実の証明でないとして、不受理と決定した。本書原本は林家に残っていると思う。林逸郎君も先年物故された。

徳富先生は前引用の御手紙のほか、色紙に自ら達磨《だるま》の絵を描き、また自筆で

地尽一時事
天開万古心

と自賛したものを贈られた。その意味は見る者が自己流に解釈了得すべきであろう。私はそのとき、これは「敵国の爆撃で国土は焦土となったが、これはこの世のなかの仮の世界の一現象に過ぎぬ。さらに深く霊界を探究すれば、万古不変の真理がつかみ得られるぞ」との教えであると了解、さらに勇気を鼓して真理の探究に努力しようと決心した。

立証された事実

ついに天皇にとどかず

昭和十六年十二月七日、当時の駐日大使グルーは、外務大臣に直接会いたいと申し出た。東郷外務大臣は面会を避けようと思ったけれども、直接の申し出で避けることができない。面会してみると、グルーは、米国大統領より天皇陛下に対して直接親電を渡せ、との指令を受けているとのことであった。

東郷は、外国使臣が直接陛下にお目にかかることは、はからいかねる、その親電なるものを私が預かりたいとこたえた。爾来いかなる親電であったかは、日本国内には知られていない。東京裁判で、キーナン検事はその全文を提出した。そのおもな点を抜粋してみれば、つぎのようなものである。

「約一世紀前、米国大統領は、日本国天皇に書をいたし、米国民の日本国民に対する友好を申し出たるところ、右は受諾せられ、爾来、不断の平和と長期間にわたる友好関係を続けた両国は、その徳と指導者の英知によって繁栄し、人類に対し偉大なる貢献をなせり。陛下に対し、余が国勢に関し親書を呈するは、とくに重大なる場合においてのみなるが、現に醸成せられつつあると思われる深刻、かつ広はんなる非常事態にかんがみ、ここに一書を呈すべきものと感ずる次第なり。日米両国民および全人類をして、両国間の長年にわたる平和と福祉を喪失せしめんとするがごとき事態が、現に太平洋地域に発生しつつあり。右情勢は、悲劇の可能性をはらむものなり。

米国民は平和と、諸国家の共存の権利とを信じ、過去数か月にわたる日米交渉を熱心に注視しきたれり。吾人は、現在の日華事変の終熄《しゅうそく》を祈念し、諸国民において侵略の恐怖なくして共存し得るごとき、太平洋の平和を実現せられんことを希望し、かつたえがたき軍部の負担を除去し、また各国民のいかなる国家をも排撃し、もしくはこれに特恵を与うるがごとき差別を設けざる通商を復活することを念願せり。

右大目的を達成せんがため、陛下におかれても余と同じく、日米両国はいかなる形式の軍事的脅威をも除去することに同意すべきこと明瞭なりと信ず。このことは、高き目的達成のために不可欠のことであると考えられる。（中略）

余が陛下に書をいたすは、この明確なる危局に際し、陛下におかれても、余と同様に暗雲を一掃するの方法に関し考慮せられんことを希望するがためなり。余は陛下と共に日米両国民のみならず、隣接諸国の住民のため、両国民間の伝統的友誼を回復し、世界におけるこの上の死滅を防止するの責務を有することを確信するものなり」

内閣や軍部は、この時すでに作戦の準備を十分に整えている。今となっては気勢をそぎ作戦の準備を狂わせる恐れがあるので、極力これを陛下に奉呈することを避けんとしたのである。

これについては、世間にいろいろの評判があるが、一番確実なのは、その当時の内大臣として陛下の側近に奉仕していた木戸幸一氏の日記、すなわち世間でいう「木戸日記」なるものを引用するのが最も正確であると思われる。よって私は、昭和十六年十二月八日（月）の木戸日記を引用して、その当時のいきさつをうかがうことにする。

「昭和十六年十二月八日（月）午前十二時四十分東郷外相より電話にて、米国大統領より天皇陛下への親書をグルー大使持参せる趣にて、これが取り扱いにつき相談あり。依って外交上の効果及び手続については首相（注＝東条）と篤と相談せられたき旨を述べ、陛下は深夜にても拝謁のお許しはあるをもって、それ等の点を顧慮する必要なき旨を述ぶ。一時半松平宮相より電話あり、同上の件なり、意見を述ぶ。東郷外相参内との通知あり、余もまた二時四十分参内す。宮中において外相と面談、三時半帰宅す」

以上のごとく陛下におかれても、深夜といえども必要あらば謁見さしつかえなしとの御意向であったようであるが、東郷外相も松平宮相もお互いに意見を交換したのみで、陛下に対しこれを言上したり、また親書をお渡し申す手続きはしていない。もしこれを陛下に言上していたら、いかなる結果になったであろうか。こんにちから考えて、読者の皆様のご想像にまかす。木戸日記の十二月八日の記事は、以上で尽きるのではなく、これに引き続いて、つぎの記載がある。参考のために付記する。

「七時十五分出勤。今日は珍しく好晴なり。赤坂見附の坂を登り、三宅坂に向う。折から太陽赫々と彼方のビルディングの上を昇るのを拝す。思えば愈々今日を期し我が国は米、英の二大国を相手として大戦に入るなり。今暁すでに海軍の航空隊は大挙ハワイを空襲せり。これを知る余は、その成否のほども気づかわれ、思わず太陽を拝し瞑目祈願す。七時半首相と両総長（注＝参謀総長および軍令部総長）に面会。ハワイ奇襲大成功の吉報を耳にし、神助の有難さをつくづく感じたり」

予知されていた〝奇襲〟

日本では、昭和十六年十二月一日の御前会議で、ハル・ノートを検討のうえ「米英に対して開戦す」と決した。東郷被告の供述によれば、覚え書きそのものは外務省で起草せられ、内容の責任は連絡会議に参与した人々にあった。また閣議にもかけ、異議なく通過した。

覚え書き交付の時間に関しては、あらかじめワシントン大使館あてに、ワシントン時間十二月七日午後一時（日本時間八日午前三時）に決定した。もしこの予定通りに実行されていたならば、真珠湾攻撃の開始より少なくとも三十分前に、この最後通告がハル国務長官に手交されたことになるはずである。

しかるに在ワシントンの日本大使館では、この覚え書きの解読、タイプ印刷に非常に時間をとり、野村・来栖両大使が、米国務省でハル長官に覚え書きを手交した時よりも一時間も前に、すでに真珠湾は爆撃せられていた。もっとも、米側では日本の覚え書き内容を米ブラックチャンバーで解読し、これを読んでいたルーズベルトは、「これは戦争だ（This means war!)」と叫んだと伝えられる。これが世間で伝えられる「真珠湾の奇襲」の筋書きである。

ここで一つ問題となるのは、前回に引用したルーズベルト大統領が天皇陛下にあてた親書なるものは、ルーズベルトが日本の最後通牒を知ってから後に書かれたか、またはこれを知らずして書かれたかということである。これによって、彼の親書なるものの歴史的意味がガラッと違ってくる。

このことにつき、一つ手がかりになることがある。それはキーナン検事が、極東問題の権威者と称して米国務省の顧問バランタインを直接尋問し、これに対しブレークニー弁護士がなした反対尋問の記録である。法廷速記録により、この関係部分を引用してみる。

ブレークニー「大統領の親電を発したのは、日本側の十二月七日（日本時間では八日）通牒を知ってからか。六日の午後三時には、その通牒の前ぶれたるパイロット・メッセージを国務省は入手したのではないか」

バランタイン「そのパイロット・メッセージは、日本側通牒の内容を何も示唆していなかった。まして外交関係断絶を示すものではなかった。それはただ日本国回答が来つつあるものとのみ了解した」

ブレークニー「しかし、国務省としては、日本側回答は恐らく事実上の外交断絶を意味するものとすでに考えていたのではないか」

バランタイン「パイロット・メッセージを読んで下さい」

（ここで、ブレークニー弁護人、問題のパイロット・メッセージを朗読）

ブレークニー「大統領の親電は何時に発出せられたか」

バランタイン「午後九時（注、十二月六日）」

ブレークニー「この親電が遅延した事情を明らかにせんと努力するが」

ウエッブ裁判長「親電の真実性は疑うべくもない。親電が遅れたのは、それを故意に遅らせた者が、彼自身すでに決定した戦争を、親電によって回避されはしないかとおそれたためとみられる。弁護人は、ただ証人の意見をきいているにすぎない」

ブレークニー「十二月七日の通牒は、宣戦布告でもなければ、最後通牒でもないというが、ルーズベルト大統領は〝これは戦争を意味する〟といわなかったか」

バランタイン「そういうことを聞いたことがある」

ブレークニー「ワシントン政府首脳は、傍受電報により早くもそう思ったのであるか」

バランタイン「それは知らない。日本の通牒を受けとった時には、すでに日本は真珠湾を攻撃していた」

ブレークニー「だが、十一月二十六日、米国が回答を発する以前から、ルーズベルト大統領はじめ首脳部は、日本の敵対行動を予測していたのではないか」

バランタイン「自分の知る限りでは、ハル長官は〝日本は攻撃に移るかもしれない〟といったことがある」
ブレークニー「それでは、日本の十二月七日付け通牒が来つつあることを知ったとき、これに重大意義を認めなかったか」
バランタイン「当時の情勢、日本が大輸送船団を六月に南下させたとの情報と関連して考えられた」
ブレークニー「つまり宣戦布告とみなかったか」
バランタイン「それは知らない。とにかく、事態は急速度に展開していた」

バランタイン氏の証言によれば、親電発出は六日午後九時であるから、日本の最後通牒手交前ではあるが、傍受パイロット・メッセージにより、最後通牒が来ることを米首脳が知っていた後であった。
ちなみに、本件裁判所の判決文では、日本側は侵略戦争をしたことにより犯罪をおかしているから、それが同時に一九〇七年のハーグ条約（開戦前、ある時間をおき国交断絶または最後通牒をなすべし、という）に違反するや否やを問う必要はないと論じ、十二月七日の通知が遅れたことの責任については、これを不問に付した。

不可解な事件

真か偽か一時的ショックか

　東条大将の厳粛な表情が一瞬ふりむいてニヤリとくずれた。法廷も笑いの渦にまきこまれた。東条氏のはげ頭に、うしろから平手の不意打ちである。ピッチャンと高い音がした。下手人は真うしろの大川周明博士である。五月三日（昭和二十一年）午後三時三十分の出来事――。もっともこれより先、これほどは目立たなかったものの、大川は東条に第一打を浴びせていた。都合二度、平手打ちをくらわせたのである。この日、開廷より、満場の目は大川博士にそそがれざるを得なかった。水色の異様なパジャマに、素足でゲタをつっかけ、どう見ても平凡な風景というわけにはいかないのである（朝日新聞法廷記者団編、『東京裁判』上巻、一六二ページより）。

　かねて大川被告の弁護人大原君より、裁判所に精神状態の鑑定申請書が出ていたのであるが、翌日、すなわち昭和二十一年五月四日には、開廷劈頭《へきとう》、ウエッブ裁判長より「大川博士は精神鑑定を必要とする」と宣し、法廷監視のMP隊に抱かれて退廷した。米陸軍病院や東大病院で検診を受け、松沢病院にて療養を命ぜられた。ふしぎにも本裁判終結のころに病気は全治し、神奈川県愛甲郡中津村の自宅に引きあげた。

　そこで世間では大川博士の発狂はにせで、戦犯裁判より脱出する一方便であったのだと言う者もあれば、またあんなまねが偽《うそ》でできるものではない、当日は真に精神異常に陥っておったものだろうと論ずるものもある。まだ定説がない。菅原裕君の書かれた『東京裁判の正体』（時事通信社出版部発行）は、仮病説を採られ、しかも二十一年五月三日の仕ぐさは、「大川博士の名演技」だと称賛されている。私はこの点では菅原君とは少し見方が異なるが、同君の観察も一理があり、また興味があるから、ここにその一部を引用してみる。

「……いやしくも指導者中の指導者として、敵国の軍事裁判に捕えられた以上、死刑は万が一にも免るべくもない。この際、被告たる者の対策如何？　これはまさに大正、昭和にわたって右翼理論家として、また革命指導者として、自他ともに許した、東亜の論客大川周明に与えられた〝天の命題〟であった。

　黙殺？　論駁？　脱出？　黙殺は博士の熱血が許さない。論駁――そんな小児病的な猿芝居のお相手は博士の理知が許さない。残るはただ脱出の一途あるのみだ。この危険なる芝居小屋から脱出して、他日を期することだ。博士のあらゆる英知の結論がここに到達したことは当然である。しからば、いかにして脱出するか、逃亡か、それは不可能だ。いな、それにもまして、もっと堂々と安全な工夫がなくてはならぬ。博士はついに、心の中で立派な脚本を書き上げた。そうして自ら演出して見事に脱出に成功したのである。（中略）いまや敵も味方もその世界的名演技に喝采をおくらぬ者はない」

あれから、もう二十余年である。今日の青年のなかでは、大川周明君の名を知らぬ者も少なくなかろう。大川君は明治十九年生まれであるから、あの裁判の始まった昭和二十一年ではちょうど六十歳であった。学校は東大文科。はじめマルクス主義や、印度哲学を学んだが、後、激烈な国家主義者、今の言葉で言うならば、民族主義者となり、東印度会社以来の白人の東亜侵略を憎み、これを追放することを主張していた。次第に軍部との関係を深め、とくに首脳部や、中堅幹部との接触を強くして行った。

昭和六年軍部独裁政権をめざした三月事件の首謀者となり、同年十月のクーデター事件にも密接な関係がある。団体としては行地社（後、神武会と改名）を創立し、大アジア主義を唱えた。経歴だけでは人物を彷彿せしめることができぬが、とにかく、非常な才幹のあった人物であった。白人を東亜の天地より撃退しようという信念を持った大川が、かえって侵略戦争の共同謀議者として逮捕せられ、軍事裁判法廷に引き出される。意外事中の意外事であったに相違ない。

大川君の頭脳が敏感であればあるほど、このショックは大である。これがため精神に異常を呈するは、ありうることである。大川君は平素服装には意を用いる人である。パジャマをまとうて法廷に出るということが、すでにおかしい。この時すでに注意すべきであった。それはいずれにするも大川君は日本の敗戦なり、自己の逮捕なりという異常事態のショックで一時精神異常を呈したが、もともと本質的の発狂でなかったので、二、三年間の療養で治癒することができた。その時は東京裁判が終結していたという偶然の事柄が発生したのではないか。

ある人が帰宅後の大川君に、ああやったのは（東条の頭をたたいたこと）気が狂ったのではないかと聞いたところ「いや、やっぱりおかしかった。二日酔いのような気分だったね」と答えたと伝聞した。

二十四年一月、私が出した見舞い状に対する返書に「洛陽の知己、皆、鬼となる」とあるは、西郷南洲の詩を引いたもので、その次の句は「南嶼の俘囚独り生を盗む」というのである。

奇怪な証人

思い出のうちには愉快な思い出と、不愉快な思い出とがある。不愉快な事件は早く忘れてしまいたいが、必ずしもそうはいかない。

東京裁判では、元満州国皇帝溥儀《ふぎ》氏が検察側証人として現われた。溥儀氏はソ連が昭和二十年八月、満州を占領したとき、その手にとらわれ、爾来ハバロフスク近郊に抑留の身となっていたが、このたび証人として東京に引っ張り出されることとなり、ウラジオストクから飛行機で東京に運ばれ、二十一年八月十八日午前十一時過ぎに証人台にあがった。

溥儀氏は背の高い人で、当日はすこし憔悴《しょうすい》しているのではないかと思われた。往年とは相当違った風貌であったから、あれは本人ではないぞ、というような声も聞こえた。もちろん主尋問はキーナン検事がやったのである。

供述の骨子は、自分が満州国の元首となるのはいやであった、しかし元首にならなければ殺されるかもしれないと思ったから、不本意ながら元首になった。元首となってからは自分には何ら意志の自由が許されていなかった。ただ関東軍のいうままに、物ごとが行なわれたということである。

これを聞いたものは、被告も弁護人も傍聴者も、いかにソ連の手中に抑留され、またその指導のもとに証言するのであっても、よくもこんなに変わったことがいえるものだと、あきれ返ったのである。はなはだしきは、自分の妻は吉岡中将に毒殺されたと言いだしたことである。

あまりのことで、私はその毒殺というのは本当に毒薬を飲ましたということか、あるいは吉岡中将の監視や看護の下にあって、ブドウ糖の注射が足りなくて死んだのを形容してそういうのかを質問してみたところ、当時の事情をこまごまというばかりで要領を得なかった。結局溥儀氏は「私は医師ではなく、果たしていかなる毒薬を用いたかわからん。周囲の情勢からそういうのである」ということになってしまった。

溥儀証人が日本に反対であり、日本のすることはすべて不満であったとの趣旨をたびたびくり返すから、私は溥儀証人が第一回訪日の帰途に作った詩二編を示した。その一つは

海は平《たいら》かにして、鏡に似たり、
万里遠く航す、両邦手を携え、永く東方を固む。

というのである。他の一つは七言絶句で

万里雄航飛濤を破り、
碧蒼一色天地交る、
此の行豈《あに》唯に山水を覧《み》んや、
両国同盟日月昭《あきら》かなり。

というのである。この二編を示し、これらは証人がお作りになったのかと尋ねたところ、証人はこれを肯定した。そこで、私は詩は志を述べるものであるから、この当時は日満両国は相提携し、また同盟して進むことを喜ばれたのではないかと聞いたところ、証人は「これは社交上の応対に過ぎない。本心などとはおかしい。お笑い草だ」と答えた。溥儀証人の言ったことで、もう一つの特徴は、日本が満州国を通じ、ソ連を侵略しようと計画したということである。キーナン検事の尋問に対して、つぎのごとき答えをしている。

「極秘裏に行なわれたので、直接見聞したことはない。しかし鉄道敷設地図で判明したところでは、満州の東部および北部の辺境でも鉄道を敷設しており、これは明らかにソ連に対する軍事行動の準備だと思った。ソ連側では、満州侵略の気配があったとは絶対に思えない。

それを証明する実例は、張鼓峰事件である。同事件はソ連軍の勝利に帰し、その意思があれば、事件の拡大はソ連側に有利に展開したにもかかわらず、早期解決ができたのはソ連に侵略の意図がなかった証拠である」
　この陳述はおそらく、ハバロフスクにいた時に、ソ連から教えこまれたものであることは明らかである。
　もう一つ、溥儀証人は〝宗教侵略〟と名づけた事柄について述べた。この点は、べつだん検事が尋問をしたことでもなく、また本件において宗教侵略なるものが起訴されていたわけでもない。しかるに溥儀証人は進んでこれを陳述せんと企てている。あるところでは
「日本人は満州を奴隷化し、中国と南方を奴隷化し、さらに世界を奴隷化せんとしていた。三種の神器の剣と鏡を受けとった時、これは私一代の恥辱であった」
　と供述した。またある時は
「日本は神道を日本の国外すなわち中国に、そしてさらにアジア全域に広げることにより住民の心、精神、希望、行動を支配しようとした。宗教的支配という、簡単なものでないことを立証する準備はできている。日本の戦争指導者たちは、中国ならびにアジア全域の侵略に神道的手段をとり、かかる宗教的確信と衝動とにより日本の侵略目的を達しようとしたのだ」
　と述べている（注＝証人、鹿児島虎雄（元満州国宮内庁次長）によれば、満州国に天照大神を祭るという考えは皇帝（溥儀）により発案され、昭和十五年三月、私と吉岡中将がその御霊代を満州国に移すことについて、天皇陛下の裁可を得るよう東京に出発せしめられた、という）。

東京裁判において、もう一つ奇怪な証人は、田中隆吉元少将である。この証人は日本人でありながら、検事の求めに応じどんなことでも証言した。ことに満州国は独立国でない、華北自治工作も一つの謀略であったと。ことに個人的には戦前自分と競争的立場にあった武藤章被告に対しては、徹底的に不利益な証言をしている。インド代表判事パール氏の判決文では「田中は検事側が証拠の埋め草に使った」と批評している。弁護人側では田中を証人業と批評した。

裁判に現われた三つの日記

十六年間の記録

木戸日記は総計五九二〇ページより成る。昭和五年一月一日より昭和二十年十二月九日までの、木戸幸一侯爵の日誌である。「この日記の各々の記事は若干のものが、その翌日に書いたものである以外は、その記事の当日に私が書いたものであります」と、木戸氏はその口供書でつぎのようにのべている。

「私は努めて日記を客観的に書きました。私が見、聞き、言い、為したことについて、正確と真実とを保つ以外に、何の考えをも、もって書いたのではありません。若干の部分で、私は自分の考えも述べています。忙しさの為に時には出来事を記録することや、完全に記録することが出来ないこともありました。昭和六年二月二十一日の日記記事の中に、私が日記を書く理由が示してあります。即ち次の通りです。

〝斎藤博君の著マクドナルドを読む。夜に入りて読了、終りに至り『若し政治と云ふものがなかったら、どうして暮しますか』と訊ねたときマクドナルドは一日に四時間本を読むで、三時間書きものをして居れば、それが私にはこの世の天国だ……といふ条を読むだときは、直ちに吾意を得た様な気がした。自分が迷って居ったところを、適確に指示して呉れた様に思はれて、再三繰返して読むだ〟」

なにしろ、昭和五年から二十年十二月まで、ざっと十六年もの間、よくも、よくも書き続けたものである。木戸幸一君といえば維新三傑の一人、木戸孝允の孫に当たる（父は木戸孝正、大正天皇が皇太子時代の侍従長）。昭和五年は内大臣秘書官長（四十二歳）、後、昭和十五年五月よりは自ら内大臣となり、終戦に至る。

こんな人が書きつづけた日記は、わが国の正史とはいわれぬが、天皇陛下や、重臣、軍部指導者のことが、何くれとなく描写せられ、従来、表面に出なかったことも飛び出し、実に歴史上貴重なる参考であることは疑いない。

検察官へは木戸氏自身が自らこれを持ち出している。口供書の劈頭《へきとう》第一に同氏は「私が昭和二十年十二月六日に逮捕せられた時に、私は、全く自分の意思で、サーケット中佐に、私が日記を持っていることを告げました」といっている。

検察官はこれを基本として、昭和五年以来の日本の政治家、軍人並びに指導者の動静を知ることに非常に便利を得たことは疑いない。この日記を基として、木戸幸一氏自身の記憶で日記の不備なところを補い、作成された、実に長文の木戸口供書（日本人弁護士穂積重威君、米人弁護士ローガン君の助けを得て作ったのであろうが）もまた、捨て難き興味がある。たとえば「平和促進論台頭」と題し、つぎのようにのべている。

「識者の間にはこの頃になると（昭和十七年六月ミッドウェー攻略失敗後）平和促進を考へる人も段々と出て来ました。その一人、吉田茂氏（元駐英大使）は昭和十七年六月十一日に私を訪ねられ、戦争を終結に導く機会を逃さざる為、近衛公を渡欧せしめ、スイス辺りに何といふことなく滞留せしめて、各国の有力者と機会あらば連絡するといふ計画について話がありました。私も、もとより世界平和のため一日も早く戦争終結に努力するといふ考には勿論異議はなかったのでありましたが、今直ちに近衛公が渡欧することの可否についてはなお考へて見たいと答へ、なほ平和の為にお互に努力しようといったのであります。同日付私の日記に次の如くあります。

〃昭和十七年六月十一日、二時半官舎に至る。三時半吉田茂氏来訪。近衛公渡欧の案につき別紙の如く意見を公にしたるを以て、余の意見を求めらる。世界平和の為め一日も早く戦争終結に努力する根本の考へには勿論異存のあらう筈なきも、近衛公の出馬については尚、篤と考慮致したいと答ふ〃

然し乍ら、これは実現せられませんでした」

かくのごとく、口供書はいく分木戸氏に有利に日記の解読をするのではないかと猜疑せられたところもある。木戸氏が主張するところは、要するに自分は生涯を通じて軍国主義者と闘うことに全力を尽くしたというにあったようである。日本の被告全部に無罪判決を言い渡すべしと勧告したインドのパール判事は、「日記」というものの効力につき次のごとく述べている。

「ある日記がその筆者の観察にかかる個々別々の日常の出来事を記録するだけのつもりで書かれた場合には、その記事にはなんらの本質的に信憑性を欠くようなものはないであろう。しかしながら、その筆者がある生活、もしくは何らかの事件の委曲全部を記録するに至る場合には、その記事に筆者自身の生みだしたものが、無意識な影響ではいって来て、これがその記事に当初の信憑性を減ずるほど強く影響を及ぼすこととなるかも知れない。

人生の行路は、不可解事で包まれているのが常である。それには常に数多くの自己矛盾があり、自家撞着がある。調和しない過去の事柄と、現在の事柄が常に存在する。しかし、人間たる創造者の筆は、すべての衝突と矛盾とを解決して、定められた経路をたどろうとするのが常である。そうなると、日記に従って発展せられることになるのである。その日記の筆者が利害関係をもたない一観察者ではなく、自身が全事件のおもだった参画者である場合、事実をゆがめる影響の生ずる可能性は一段と強くなることである」。

しるして読者の参考に供する（過日、新聞で「木戸日記」全部が刊行せられたとの記事を見たが、私はまだこれを見ていない。裁判所に提出された部分は皆読んだ)。

私設秘書の情報

東京裁判で検事側が好んで用いた日記には、前項に記述した「木戸日記」の外に、「原田日記」なるものがある。西園寺公は興津に住んでいて、世間と離れている。しかし、もし内閣が倒れたら、晩年には唯一の生き残りの元老として、だれに国政を託すべきやの御下問に奉答すべき重大責任を持っていたから、平生から、その秘書、原田男爵を東京に常住せしめ、時事問題の情報収集報告に当たらしめた。すなわち、世間ではこれは単なる状勢報告に過ぎないと見ていた。ところが原田自身は、これをもっと重大に考えていたもののようである。その時、昭和十五年十二月二十三日に、この日記を高松宮殿下にお預かり願いたいと申し出た。その時、原田は自ら宮様の御殿(今の高輪の光輪閣)に出向いて、次のごとく申し上げたと記録している。

「この記録は昭和四年からはじめたものでございますが、始めた趣意は、ロンドン条約の当時、ほとんど虚偽の放送ばかり残って、真相が少しもわかりません。ことに、陛下のおとりになった態度、あるいは元老、側近、あるいは大臣の輔弼《ほひつ》状態なんかについても、ほとんど嘘が多くて、そのために政界に非常な波紋を起こし、引いて、軍部内にも、いろんな問題を起こすようになったので、いかにも陛下の御徳と言い、英邁な、きわめて高い御見識なんかについても、ほとんど想像以外にあしざまに宣伝されて、まことに遺憾だと思うような点から、真相を知っていたために、これを書き残すことが必要だと思いました。近衛と相談して、近衛公の弟の秀麿君の夫人を頼んで、結局、速記をとってもらって、残すことにいたしました」

陛下の英明を後世に残すことが真目的であったと高唱しているわけである。しかし、内容はこれにそわぬところがあるように思われる。原田はさらに次のように高松宮に言上している。

「今までに、既に一万数千ページとなったのでございますが、それは一週間ごとに自分が西園寺のところに参りまして報告をいたします。それをあとでメモによって速記につづって置いてもらって、出来上がったものを西園寺のところへ持って帰り、西園寺が、直接見た上、間違ったところを訂正し、筆の足りないところを入れて、次の機会にそれを返してくれるのでございます。それをまた清書し直して置くのです」

と本日記、または回顧録の成立の次第を言上し

「現在では、これが多少新聞なんかに出たりして、住友の信託会社の保護預かりになっ

ていることまで世間に知れるために、右翼の一部では、ある場合には、これを破棄しようとする危険もあるということまで聞いたので、西園寺と相談いたしまして、すべて完成するまで、殿下の御手もとにお預けして置いて、完成した後に、西園寺の加筆したものは現物をそのまま陛下の御手もとに差し出し、修正したものは活版にしてある時期に公表する。で、それは恐らく十年、十五年経過しなければ出版出来ないと存じますが、とにかく現在は、松平内大臣秘書官長に、後の管理を頼んでおる様な次第でありまして、松平とも連絡をとって、殿下のところの別当あたりと緊密な連絡のとれるように殿下からよくおっしゃっていただきたい」

と言上したことが、日記自身に記憶されている。

この日記は東京裁判では検事団の手にはいり、本件軍部関係の被告のために不利な証拠として至るところに引用せられた。ただし西園寺自身は興津の坐漁荘に引きこもり中だし、原田自身は西園寺公爵の私設秘書に過ぎない。重要なる国政上の決定、ことに陛下の御動静につき直接目撃経験するはずがない。記事はおおむね伝聞証拠の寄せ集めに外ならない（もっとも原田自身が現場に参加したこともないではない。その場合にはそのことを明記している）。

速記を担当したという近衛秀麿夫人は、東京裁判中に証人として出廷した（一種の髪型で人目を引いた）。この証人の証言中には

「……私は彼（原田）の病室または居間で、その書き取りを行ないました。その間、彼は電話および訪客によりて情報収集をいたしました」とあり、私どもの推定した通りである。

原田の宅は、つい先日まで自民党が本部として使用していた砂防会館の敷地あたりにあったと記憶する。時々、木戸や近衛等のグループが朝食会をやった。やはり資料の交換等のためであったのであろう。原田日記がどんなものであったかを示すため、見本として一例を摘出する。

昭和十二年七月十一日（注＝七月七日、日華事変の起こった直後の記事）天津問題については、第一は工部局に日本人を入れるということ、第二は憲兵を租界内に入れるということ、第三は好意的に考えるように法幣および現在の有金四千五百万元を臨時政府に渡せ、ということ、第四が治安維持に協力すること、第五が犯人引き渡しということが、大体日本側が考えているところだといっている。

陸相（杉山）が低能のために、これが原因となってすべての問題が紛糾をきわめたようである。

なお続いて天津問題についても御下問があったことに対して、「陸軍は英租界がもっている四千五百万元の引き渡しを要求するのは結局、為替の相場を維持するためである」と申し上げた。陛下は「それだけでよいのか」と御下問になったら「とてもそれは駄目なんです」と奉答したので陛下はお驚きになって、「どうも頭がわるいじゃないか」といってたしなめられた。というような話をして内大臣は「いかにも陸軍は乱脈で、もうとても駄目だ」と言って悲観し、要するに国を亡ぼすものが今日の陸軍じゃないか、というまでに嘆いたというのである。

平和願われた天皇

東京裁判関係の日記類には「木戸日記」、「原田日記」のほかに、も一つ「近衛公手記」というものがある。

近衛公は昭和二十年十二月十六日、東京荻窪の自宅で服毒自殺された。この手記はそれより三、四年も前である昭和十六年から十七年の春にかけて、まだ記憶の新たなうちに、自分が責任の地位にあった時代の出来事を書き留めておいて、後人の参考にしようとして作られたもので、千代子夫人がこれを清書せられたものである。それゆえ、戦犯問題が起こってから、その弁明資料として起草せられたものではない。それだけに、客観的の信用は認めなければならない。

しかし、人間の弱点はどこまでもついてまわる。ある事件を描写するについても、これに主役なり、脇役なりを勤めた人が描けば、どうしてもその人の主観がはいってくる。後世の史家に見せようと言った場合でも、自分の立場は誤解されたくないという心は動く。それだけ、かかる手記は割り引きして読む必要がある。

近衛公手記の本来の題号は「第二次乃至第三次近衛内閣に於ける日米交渉の経過」というのである。近衛公の手記にはこの外にも三国同盟関係のもの、日華事変関係のものもあるが、前記「第二次第三次近衛内閣に於ける日米交渉の経過」が一番重要であり、価値がある。この手記中、和戦のわかれ道ともいうべき「昭和十六年九月六日の御前会議」の前日、ならびに当日の記事を引用して見る。

「御前会議の前日、余（近衛）は参内して、議案（帝国国策遂行要綱）を内奏したところ、陛下には

『これを見ると、一に戦争準備を記し、二に外交交渉を掲げてゐる。何だか戦争が主で、外交が従であるかの如き感じを受ける。この点について、明日の会議で統帥部の両総長に質問したいと思ふが……』

と仰せられた。余は之に対し奉り

『一、二の順序は必ずしも軽重を示すものに非ず。政府としては、あくまでも外交交渉を行ひ、交渉がどうしても纏まらぬ場合に戦争の準備に取りかかるといふ趣旨なり』

と申し上げ、

『なほこの点につき統帥部に御質問の思召あらば、御前会議にては場所柄、如何かと考へられますから、今直ちに両総長をお召になりましては如何』

と奏せしに

『直ちに呼べ、なほ総理大臣も陪席せよ』

とのお言葉であった。両総長は直に参内拝謁し、余（近衛）も陪席した。陛下は両総

長に対し、余に対する御下問と同様の御下問あり、両総長は余と同じ奉答をした。続いて陛下は杉山参謀総長に対し、『日米間に事起らば、陸軍としては幾許の期間に片をつける確信ありや』と仰せられ、総長は『南洋方面だけは、三箇月位にて片づけるつもりであります』

と奉答した。

陛下は更に総長に向はれ

『汝は支那事変当時の陸相なり。その時、陸相として〃事変は一箇月位にて片づく〃と申せしことを記憶す。しかるに四箇年の長きに亘り、未だ片づかんではないか』

と仰せられ、総長は恐懼《きょうく》して、支那は奥地が開けており、予定通り作戦し得ざりし事情を、くどくどと弁明申し上げたところ、陛下は励声一番、総長に対せられ

『支那の奥地が広いと言ふなら、太平洋はなほ広いではないか。如何なる確信ありて三箇月と申すか』

と仰せられ、総長は唯、頭をたれて答ふるを得ず、この時、軍令部総長（永野）、助け舟を出し

『統帥部として大局より申上げます。今日、日米の関係を病人に譬へれば、手術するか、しないかの瀬戸際に来て居ります。手術をしないでこのままにして置けば、非常な危険があるが、助かる望もないではない。この場合、思ひきって手術をするか、どうかといふ段階であると考へられます。統帥部としては、あくまで外交交渉の成立を希望します

が、不成立の場合には、思ひきって手術しなければならんと存じます。この意味でこの議案に賛成しておるのであります』

と申し上げたところ、陛下は重ねて

『統帥部は今日のところ外交に重をおく主旨と解するが、その通りか』

と念を押され、両総長とも、その通りなる旨奉答した。

翌九日午前十時御前会議が開かれた。席上、原枢密院議長より

『この案を見るに、外交より、むしろ戦争に重点がおかれる感あり、政府、統帥部の主旨を明瞭に承りたし』

との質問あり、政府を代表して海軍大臣（及川古志郎）が答弁したが、統帥部から誰も発言しなかった。しかるに陛下は突然御発言あらせられ

『ただ今の原枢相の質問は誠に尤もと思ふ。これに対し統帥部が何等答へないのは遺憾である』

と、御懐中より明治天皇の御製

よもの海みなはらからと思ふ世に
など波風のたちさわぐらむ

との紙片を御取出しになり

『余は常にこの御製を拝誦して、故大帝の平和愛好の御精神を紹述せんと努めておるのである』

と仰せられた。

理路整然、暫くは一言も発する者なし。やがて永野軍令部総長立ちて曰く

『統帥部に対するお咎めは恐懼に堪へません。実は先ほど、海軍大臣が答弁したのは、政府、統帥部双方を代表したものと存じ、沈黙しておりました次第であります。統帥部としても、勿論、海軍大臣のお答致したる通り、外交を主とし、万、やむを得ざる場合、戦争に訴ふるといふ主旨に変りはございません』

と答へた。かくて御前会議は未曾有の緊張裡に散会した」

以上が近衛公手記のそのままである。陛下が明治天皇御製「よもの海」を誦《しょう》せられたことは民間にも広く伝えられるところであるが、会議に列席した近衛元総理の手記により、その状況を読むとき、さらに一段の感覚を新たにする。

歴史に残さるべき重大問題

原爆投下を追及

ブルーエット君が東条弁護を引き受けた話は、前に述べた。その他の被告人にも各々一人ずつの米人弁護士がついた。これらの弁護士は、まことによく働いてくれた。最近まで敵国の指導者であった者を、本当に弁護できるかどうか、疑うむきもないではなかったが、いったん弁護を引き受けた以上、自分の本国政府に反しても、弁護士たる任務を尽くすことに躊躇しない気魄を示した。

たとえば、梅津美治郎被告の弁護をしたＢ・ブレークニー君である。彼は、スチムソン陸軍長官が原子爆弾使用の決定をしたことを証明する証拠を提出せんとした。これは大変なことで、この戦争中の最大戦犯である。もしこの証拠提出が許されていたら、これは世界的な大問題となるべきものであった。この申し出を聞いて、イギリスの検事コミンズカーは驚いて立ち上がり

「連合国において、どんな武器が使用されたかということは、本審理に何の関係もない」

と異議を申し立てた。ブレークニーは答えて

「もし検事がハーグ条約第四をご存じなら、そのうちの陸戦法規にある、一定の種類の型の武器（注＝毒ガス、細菌など非戦闘員にも傷害を及ぼす武器）の使用を禁ずる、という条項をご存じのはずである」

と述べた。以下はそのときの裁判長ウエッブ卿とブレークニー君の問答である。

ウエッブ「かりに原子爆弾の投下が戦争犯罪であると仮定して、それが本件に何の関係があるか」

ブレークニー「それに対してはいくつかの返答ができると思う。その一は報復の権利である」（注＝国際法では敵が違法行為をすれば、これに対して報復すなわち「リプライザル」の権利が生ずるのである。それゆえ、この限度においては日本の犯罪も許されるとの意味）

ウエッブ「しかしながら、報復はこの行動が行なわれた後に起こるものだ」

ブレークニー「この被告たちは、原子爆弾の使用前とその以後に関することについて訴追されている」

ウエッブ「あなたのいっていることは、議論の余地がある。私はそうは思わないが、原子爆弾が二個投下されたことにより、その後の日本のやった行為のあるものが、正当化されるかもしれない。あなたはハーグ条約第四が死文化されたということに基礎をおいているようだが、その他の点はどうなるか」

ブレークニー「原子爆弾使用以前のことは、ほかの証拠で立証する。それ以後のことは報復的手段として正当化できると私は主張する」
ウエッブ「それはわずか三週間でも（注＝原子爆弾投下の八月六日ならびに九日から九月二日の降伏までの間を意味するがごとし）被告のだれかを無罪にすることができるかもしれない」
ブレークニー「三週間の期間にかかるところの検事側の証拠書類は、たくさんあった。たとえばマニラ事件……」

以上の問答を読むと、理くつはブレークニー君のほうにあることは明瞭だ。しかし、裁判長は無理押しにこの証拠申し出を却下してしまった。今でこそ、スチムソンの原子爆弾使用のことは世間で知らぬ者もないが、当時はどこで決定されたかはだれも知らなかった。

ブレークニー君は、東京裁判終了後、一方では東京大学において英法を講義し、他方では番町に事務所を開き民事刑事の弁護を引き受けていたが、仕事のため自家用飛行機で沖縄に渡らんとする際、伊豆の天城山に衝突して死亡した。惜しいことである。三文字正平君や私らは政府に申し出て勲二等の叙勲をしてもらい、郷里オクラホマに送ってその冥福を祈った。

ローガン弁護人は木戸幸一被告の弁護にあたったが、木戸被告のための冒頭陳述において、つぎのように述べた。

「欧米諸国は日本の権利を完全に無視し、無謀な経済的圧迫をなした。また真珠湾に先だち、数年間故意に、かつ計画的に、共謀的に日本に対し経済的、軍事的圧迫を加え、しかもその結果が戦争になることは十分に承知しており、そう言明しながら、彼らが右の行為をとったという事実がある。
　また肯定的弁護として、つぎの事実が証明される。すなわち情勢はいよいよ切迫し、ますます耐え難くなったので、日本は欧米諸国の思うツボにはまり、日本からまず手を出すようにと彼らが予期し、希望した通り、自己の生存そのもののために戦争の決意をせざるを得なくなった」

　以上は例としてブレークニー、ローガンの二人の弁護人の弁論の一節を引用したのであるが、小磯国昭被告の弁護人ブルックス君にしても、大島浩被告の弁護人カニンガム君にしても、広田弘毅被告の弁護人スミス君にしても、なかなかの気骨があり、場合によればアメリカ自身のあやまちでも、これをあぐるに躊躇しなかった。

ヤルタ協定は知らなかった

　東京裁判を正しく評価するためには、日本人は昭和二十年七月二十六日、ポツダム宣言を受け取った時にも、ソ連が満州へなだれ込んだ時にも、また八月十五日、ポ宣言受諾を発表した時はもちろんのこと、東京裁判法廷の開廷された二十一年五月においても、ヤルタ協定の日本に対する部分を、知らされていなかった一事である。

こんな不正な秘密協定があったことのわかったのは、この裁判が相当進行した後であった。一九四五年(昭和二十年)の十二月に米国陸軍法務官プライスという人が、「ニューヨーク・タイムズ」に、次のような論文を発表したことがある。

「東京裁判は、日本が侵略戦争をやったことを懲罰する裁判だが、それは無意味に帰するから、やめたらよかろう。なぜならば、それを訴追する原告、アメリカが、明らかに責任があるからである。ソ連は日ソ不可侵条約を破って参戦したが、これはスターリンだけの責任でなく、戦後に千島、樺太を譲ることを条件として、日本攻撃を依頼し、これを共同謀議したもので、これはやはり侵略者であるから、日本を侵略者呼ばわりして懲罰しても、精神的効果はない」

この論文の趣旨は当時、日本にも伝わった。この文章の作者は米国人で、しかもその法務官である。われわれは、当時その大胆さに驚いたが、今から考えてみれば、当時すでにヤルタ協定の対日部分は、米国内では部分的に知られていたもののようである。

ヤルタ協定は一九四五年(昭和二十年)二月、ソ連のクリミヤ半島のヤルタで米、英、ソの三国が敵を最終的に撃破するため、三国の軍事計画に関し検討を加え、かつ決定を行なったもので、三連合国の軍事幕僚は会議の全期間中、連日会合を開き、二月十一日、コミュニケを発表した。

このコミュニケは、(一)ドイツ軍の撃破、(二)ドイツの占領および管理、(三)ドイツによる賠償の三段にわかれているが、わが日本に関する部分は秘密とせられた。今日ではそ

の全文を知ることができる。これを一読すれば、この協定と東京裁判との関係は説明せずとも読者に明らかとなってくる。いわく

「三大国すなわちソビエト連邦、アメリカ合衆国、および英国の指導者はドイツ国が降伏し、かつヨーロッパにおける戦争が終結した後、二か月または三か月を経て、ソビエト連邦が、次の条件で連合国に組みして日本国に対する戦争に参加することを協定した。

（1）外蒙古（蒙古人民共和国）の現状を維持する。

（2）一九〇四年の日本国の背信的攻撃により侵略されたロシア国の旧権利は、次のように回復される。

（a）樺太の南部およびこれに隣接するすべての島はソビエト連邦に返還する。

（b）大連商港におけるソビエト連邦の優先的利益は擁護し、この港は国際化し、またソビエト社会主義共和国連邦としての旅順口の租借権は回復する。

（c）東清鉄道および南満州鉄道は、中ソ合弁会社を設立して共同運営する。ただし、ソビエト連邦の優先的利益は保障し、また中華民国は満州における完全な主権を有する。

（3）千島列島はソビエト連邦に引き渡す。

前記の外蒙古並びに港湾および鉄道に関する協定は蔣介石総統の同意を要する。大統領はスターリン元帥からの通知によりこの同意を得るために措置をとる。

三大国の首班は、ソビエト連邦のこの要求が、日本国が敗北した後に確実に満足されることを協定した。

ソビエト連邦は、中華民国を日本国の束縛から解放する目的で、自国の軍隊によりこれに援助を与えるため、ソビエト社会主義共和国連邦と中華民国との間の友好同盟条約を中華民国国民政府と締結する用意あることを表明す」

この秘密協定は、明らかにルーズベルトとチャーチルとの間に締結せられた大西洋憲章に違背している。それのみならず、昭和二十年二月といえば、日ソ間の中立条約が厳然として効力を有する時代である。

かかる時代に中立義務ある一方を、利をもって誘惑し、理由なき参戦をなさしめ、ポツダム宣言にも事後の参加を許し、対日関係の連合軍の一員の地位につかしめ、検察団に代表を送り、裁判官の席を与えて裁判を進行した。三歳の児童でもこんな裁判に承服するはずがない。「文明」が原告だとか、「永遠の平和」が目的だとか言っても、おかしくてたまらない。果たして裁判以後平和が保たれたであろうか。

東京裁判の主たる原告であった国が関与する戦争が爾来二十年間に二つも起こった。その他にもコンゴ内戦、イスラエル対アラブの戦争、シリア戦争、インド対パキスタン戦争等も続発した。東京裁判がキーナンの言ったように、永久平和をもたらすことは明らかに失敗した。

東条口供書

後世に残る資料

昭和二十一年四月より、私は毎朝一回東条英機氏と面会し、本件に関し東条氏の言うことを筆記して帰った。東条元大将は世間でも知られている通り、ものの考え方が非常に綿密で、その言われることは実に整然としていた。こちらから訂正するようなことは、ほとんどない。しかし、公文書の文言をそのまま覚えておられるはずもなし、その日時なども不正確な場合があり、翌日調べて本人に見せ、前日の文章を訂正したようなことはあった。こうして出来た文章が積って、「東条口供書」となるのである。

筆記して帰ったものを私が英文に翻訳し、翌日、共同弁護士であったブルーエット君に示し、これを正しい英文に直してもらった。ブルーエット君は、机上に文法書や辞書を備え丁寧に訂正したが、日本文と英文とでは表現の方法が違うので、私が筆記してきた日本文の表現を英文にあうように修正せねば日英両文が一致しない場合が生ずる。この場合、私は東条に、英語でいうと、ここはこういうような言い回しにしなければならぬと説明し、日本文のほうを改めるようにしたこともたびたびあったが、意味を変更したことはない。

この口供書は、日本字タイプライターで二百二十枚になる。東条が昭和十五年七月二十二日、第二次近衛内閣に入閣した時から、昭和十九年の七月十八日内閣を投げ出した日まで、まる四年間の日本の政治の推移、軍事の動向を綿密に、また正直に記載した書類である。政治のことは世間にもわかっているが、軍事のことに至っては、秘密にした場合が少なくない。杉山元参謀総長も、本庄繁大将も自殺し、梅津美治郎大将も死亡された今日では、よかれ悪しかれ、この「東条口供書」は歴史上重要な書類になる。

これは出版され単行本もあるし、朝日新聞法廷記者の作った『東京裁判』という三冊本の中巻にも全文を集録している。調べてみたいという方は、これによるとよい。ブルーエット君が法廷で朗読するのに、三日かかった。

この口供書のはじめに、第二次近衛内閣の「基本国策要綱」という閣議決定と、翌日すなわち七月二十七日に決定した「世界情勢の推移に伴う時局処理要綱」という閣議決定をしたことが書いてある。それ以後の政府の決定、軍の行動は、この二つの閣議決定に基づいたものである。ずいぶん以前の決定であって、本文もちょっとそこらにないから、以下この二決定をここに引用する。

【昭和十五年七月二十六日閣議決定】

世界ハ今ヤ歴史的一大転機ニ際会シ、数個ノ国家群ノ生成発展ヲ基調トスル新ナル政治、経済、文化ノ創成ヲ見ントシ、皇国亦有史以来ノ大試練ニ直面ス。コノ秋ニ当リ、真ニ肇国ノ大精神ニ基ク皇国ノ国是ヲ完遂セントセバ、右世界史的発展ノ必然的動向ヲ把握シテ、庶政百般ニ亘リ、速ニ根本的刷新ヲ加ヘ、万難ヲ排シテ国防国家体制ノ完成ニ邁進スルコトヲ以テ、刻下喫緊要務トス。依ツテ基本国策ノ大綱ヲ策定スルノコト左ノ如シ。

【基本国策要綱】

一、根本方針

皇国ノ国是ハ八紘ヲ一宇トスル肇国ノ大精神ニ基キ、世界平和ノ確立ヲ招来スルコトヲ以テ根本トシ、先ヅ皇国ヲ核心トシ日満支ノ強固ナル結合ヲ根幹トスル大東亜ノ新秩序ヲ建設スルニ在リ、之ガ為、皇国自ラ速ニ新事態ニ即応スル不抜ノ国家態勢ヲ確立シ、国家ノ総力ヲ挙ゲテ右国是ノ具現ニ邁進ス。

二、国防及外交

皇国内外ノ新情勢ニ鑑ミ、国家総力発揮ノ国防国家体制ヲ基底トシ、国是遂行ニ遺憾ナキ軍備ヲ充実ス、皇国現下ノ外交ハ大東亜ノ新秩序建設ヲ根幹トシ、先ヅ其ノ重心ヲ支那事変ノ完遂ニ置キ、国際的大変局ヲ達観シ、建設的ニシテ且ツ弾力性ニ富ム施策を講ジ、以テ皇国国運ノ進展ヲ期ス。

（以下略）

以上は基本国策要綱の一部で、まだこれは長く続くが、この稿では内容を報告する必要もあるまい。ただ当時の閣議が、いかに硬直した態度で政治に臨んでおったかの一端がこれでわかる。これはだいたい広田内閣のとき決まったのと同様である。つぎに、その翌日決まった「情勢の推移に伴う帝国国策要綱」の見本をしるしてみる。これは七月二日には御前会議にもち出して確認をしてもらった。

【情勢ノ推移ニ伴フ帝国国策要綱】

第一　方針

一、帝国ハ世界情勢変転ノ如何ニ拘ラズ、大東亜共栄圏ヲ建設シ、以テ世界平和ノ確立ニ寄与セントスル方針ヲ堅持ス。

二、帝国ハ依然支那事変処理ニ邁進シ、且自存自衛ノ基礎ヲ確立スル為、南方進出ノ歩ヲ進メ、又情勢ノ推移ニ応ジ、北方問題ヲ解決ス。

三、帝国ハ右目的達成ノ為、如何ナル障害モ之ヲ排除ス。

第二　要領

一、蔣政権屈服促進ノ為、更ニ南方諸域ヨリノ圧力ヲ強化ス。情勢ノ推移ニ応ジ、適時重慶政権ニ対スル交戦権ヲ行使シ、且支那ニ於ケル敵性租界ヲ接収ス。

二、帝国ハ其ノ自存自衛上、南方要域ニ対スル必要ナル外交交渉ヲ続行シ、其ノ各般ノ施策ヲ促進ス。
之ガ為対英米戦準備ヲ整へ、先ヅ「対仏印泰施策要綱」及ビ「南方施策促進ニ関スル件」ニ拠リ、仏印及泰ニ対スル諸方策ヲ完遂シ、以テ南方進出ノ態勢ヲ強化ス。
帝国ハ本号目的達成ノ為、対英米戦ヲ辞セズ。
（以下略）

およそ人間は、自分のいう言葉に自分で酔うことがある。こんな決定を続けてゆくうちに、政治家も国民も自ら引っ張られてついに深みに陥った。

私は、東条口供書の内容の説明は省略するが、その末尾だけを転載して、口供書がどんな調子のものであったかを、読者諸君に見ていただきたいと思う。曰《いわ》く

終りに臨み――恐らくこれが当法廷の規則の上において許される最後の機会であろうが――私（東条被告）はここに重ねて申し上げる。日本帝国の国策ないしは、当年、合法にその地位に在った官吏のとった方針は、侵略でもなく、搾取でもなかった。一歩は一歩より進み、また適法に選ばれた各内閣はそれぞれ相承《う》けて、憲法および法律に定められた手続きに従い、事を処理して行ったが、ついに我が国のかの冷厳なる現実に逢《ほう》着《ちゃく》したのである。

当年、国家の運命を商量較計するの責任を負荷した我々としては、国家自衛のために起《た》つということが唯一つ残された途であった。我々は国家の運命を賭した。しかして敗れた。しかして眼前に見るがごとき事態を惹《じやつ》起《き》したのである。戦争が国際法上より見て正しき戦争であったか否かの問題と、敗戦の責任いかんの問題とは、明白に分別のできる二つの異った問題である。

第一の問題は外国との問題であり、かつ、法律的性質の問題である。私は最後までこの戦争は自衛戦であり、現時承認せられたる国際法には違反せぬ戦争なりと主張する。私は未《いま》だかつてわが国が本戦争を為したことをもって国際犯罪なりとして、勝者より訴追せられ、敗戦国の適法なる官吏たりし者が個人的な国際法上の犯人なり、また条約の違反者なりとして糾弾せられるとは考えたこととてない。

第二の問題、すなわち敗戦の責任については、当時の総理大臣たりし私の責任である。この意味における責任は、私はこれを受諾するのみならず、衷心より進んでこれを負荷せんことを希望するものである。

昭和二十二年十二月十九日於東京市ヶ谷

供述者　東条英機

右は当立会人の面前にて宣誓し、かつ署名捺印《なついん》したることを証明します。

同日於同所

立会人　清瀬一郎

突っ走った軍部

東条口供書の英文テキストを、三日がかりでブルーエット弁護人が読み終わると、キーナン検事が反対尋問に立った。キーナン検事と東条被告とのやりとりは東条のほうに分があったと、敵も味方もこれを認め、それまでは非常に不評判だった東条も、一時評判をもり返したようなふうだった。この反対尋問の内容もここでは省略するが、その最後につぎのような一節がある。

キーナン「しかし、あなたは米英蘭に対し戦争をしたのではないか」

東条「私の内閣において戦争を決意しました」

キーナン「その戦争を行なわなければならない経緯《いきさつ》というのは、裕仁天皇の意志であったか」

東条「意志と反したかもしれませんが、とにかく私の進言や統帥部責任者の進言によって、しぶしぶご同意になったのが事実です。平和愛好のご精神で、最後の一瞬にいたるまで陛下はご希望をもっておられました。戦争になってもしかり。そのご意志の明確になっていますのは、昭和十六年十二月八日の御詔勅のうちにある言葉であります。しかもそれは、陛下のご希望によって政府においていれた言葉であります。それは、真にやむを得ざるものであり、朕の意志にあらずという意味の言葉であります」

東条は、その供述を聞く裁判官らが、漢字を知らない人なので、右のごとき意味で表現してあるが、あの宣戦布告の詔勅には

「……今ヤ米英ト釁端《きんたん》ヲ開クニ至ル……豈朕カ志ナラムヤ」

とある。内閣から奏呈した宣戦布告案の本文には、もちろんこの文字はなかったのである。この未曾有の大戦の初めに、この句をいれるのは、戦争に自信がないようにみえて士気を害するからというので、ふたたびこれを削除した案を奏呈したところ、宮内省から、この文句はとくに陛下のお考えでおいれになったからとの注意付きで案文を下げられたから、政府もやむを得ずそのままに副署し、発表したのである。

そのころの生活

私の耐乏生活

戦前、戦中、私の事務所兼住宅は、東京都麴町区紀尾井町三番地の一六（平河町の西）にあった。今の文藝春秋ビルと、表の道路との間にあった。木造ペンキぬりの洋館で、土蔵もついていた。

昭和二十年夏ごろは長男、次男は学徒動員で出て行き、次女（長女は他家へ縁づく）、三男、四男、五男は母親とともに郷里の兵庫県へ疎開し、共同弁護士K君もその家族とともに八王子市へ疎開されて、紀尾井町の事務所兼住宅は、年のいったお手伝いさんと、その連れ子二人と私とだけで、ガランとしていた。

同年五月二十四日、大日本政治会（翼賛政治会を改名したもの）の兵庫県支部の発会式をするというので神戸市に出張、子供らの疎開先である飾磨郡置塩村（現在の夢前町）へも立ち寄り、五月二十六日、東京に帰ることとした。汽車は新橋駅にとまり、東京駅までは行かなかった。新橋で下車したが、タクシーはない。やむなく徒歩で進んだが、一昨夜の空襲で焼けたということで、沿道は焼け野原となっている。進んで紀尾井町に至ると、私の家は見当たらない。家が見当たらないのはよいが、お手伝いさんらはどこへ行ったのであろうかと思って捜しかけると、顔みしりの隣人が「皆さん、あそこにいらっしゃいます」と教えてくれた。

それは、もとここにあった明治薬科専門学校の寮で、同校創立者恩田氏の雅号をとって「剛堂会館」といって、当時はあき屋でだれも住んでいない。そこで空襲当夜、付近の焼け出された家族は無断でここへはいり込んだものである。無断はいり込みの連中は、助産婦さん、大工さん、トビ職の方などであった。

そのうちで、私の家族は一番上等の部屋を占拠していた。二階十畳の間で、縁側がついている。その後、私は学校にゆき、しばらくお貸し願いたいと依頼し、後、さらに東京裁判がすむまで借りることの承諾を得た。

こんなこともあろうかと思い、私は飲みたき道具、茶わん、はしなど一式を箱にいれ、これを私の住居の植え木の横に穴を掘り、埋めておき、帰京当日これを掘り出して使用したから、飲食道具には不自由はなかった。

この空襲は麹町一帯に及び、ふろ屋も焼けてしまった。夏のことで汗が出る。ふろを省くわけにはゆかない。ふろのためには、私はまず徒歩で四ツ谷駅に行き、中央線で（不思議に電車は完全に運転していた）飯田橋で下車、警察病院の前を東に折れたところに一軒の浴場があるのを発見し、そこへ行って汗を流した。

そのうちに同居のトビ職の方が、どこからかドラムかんを手にいれ、その底を切りとった野天ぶろを作ってくれた。私の役目は庭木などの枯れたものを集め、ノコギリとナタを使ってたきぎを作ることであった。昔、福沢諭吉先生は、学生にただ散歩するよりは米つきをやれ、運動と同時に価値を生産すると教えられたと聞いたことがある。これを思い出して、私はせっせとノコギリやナタをふるい、たきぎ製造に精進した。皆は謙遜して私に一番ぶろをすすめてくれた。私が外出しておそくなると、私の帰るまで待つというふうであった。

そのうちに同居者の一人で、息子が戦死し、その遺骨が戻ってきたことがある。近所にお坊さんがいないので、おまつりが出来ぬと言い悲しんでいた。私は「おじさん、ボクが拝んであげましょう」と言って観音経を誦読し「願以《くわんい》此《し》功《く》徳《どく》、平等施《びょうどうせ》一切《いっせい》、同発菩《どうほつぼ》提心《だいしん》、往《おう》生安楽国《じょうあんらくこく》」と結んで、鉦《かね》の代わりに茶わんか何かをたたいた。このときくらい感謝されたことは、私の生涯で、ほかに経験がない。

翌年春ごろ、東京都の方針で、焼け跡に作物を作るなら、他人の土地でも作ってもよいという指導があったと聞いた。本当だったのか、うそだったのかはわからないが、多くの人が他人の焼け跡に野菜などを作ったことがある。

私もこの流儀で行こうと考え、私の事務所跡は言うに及ばず、隣家の敷地にまでカボチャの種子をうんとまいた。私の予定では、カボチャを少なくとも三百六十五個は収穫しよう、そうすれば一年間毎日一個は食えると計算した。肥料はどこにも売っていない。そこで私は毎日前の街路に落ちている馬ふんを拾い集め、戦時中の用水おけに青草と交互につめ、たい肥を作ってこれを用いた。

ある朝、東京裁判の某検事に会った。この人は車から降り、君は何をしているのかと問うたから、私は公衆のため道路を清潔にしているのだと答えた。今では東京都の街路には馬ふんなどはない。その代わり自動車がはんらんし、馬ふんよりも有害な排気ガスでくさい。私の南京《なんきん》作戦は大いに成功し、秋になってかぞえてみれば予定をはるかに通り越し、六百五十個ぐらいになった。そのころカボチャは珍味で、自動車の運転手に十円のチップをやってもお礼もいわぬが、チップ代わりにカボチャ一個やれば、ペコペコ頭を下げて帰っていった。

翌年春、都よりプレハブのバラックを配給された。六畳と四畳半の家で、代金は八百円であったと思う。同居の大工さんに、私の事務所の倉庫の地下室の上に建ててもらった。しかし私自身は、東京裁判が終結するまで、剛堂会館が借りられるので、ここには大阪の岡本尚一君（武藤章被告の弁護人）に住んでもらった。岡本君は爾来二年間ここに住んだ。われわれはこれを「清風荘」と名づけ、その周囲にはコスモスの種子をいっぱいまいた。

こんな耐乏生活を三年も続けた結果、私の痼疾《こしつ》であった糖尿病は、当時すっかりなおった。

米弁護士と元首相

人間の記憶は五歳くらいから始まると思う。私自身としても、五歳以前のことはトンと覚えていない。五歳から、六歳にかけてのことは、ウスぼんやりながら思い出せることがある。家庭内のことでも、世間のことでも同様である。東京の各地でカマボコ兵舎というものがあったことは二十五、六歳以下の青年諸君には、とうてい想像外のことであろうと思う。

私の当時（昭和二十一年、東京裁判が始まった当時）の住まいは、今の文藝春秋の付近であったことは、前に申し上げた。それより東のほう一帯は焼け野原であった。焼け残ったのは万平ホテル、宝亭の鉄筋コンクリートくらいで、その他の木造はみな、焼けてしまって、ただところどころに焼けトタンや、焼け残りの材料を集めて急造バラックが、あちら、こちらに造られていた。

その東端、隼町で今の国立劇場の敷地あたりに十軒ほどの「カマボコ兵舎」なるものがあった。ここいらを米人らはパレス・ハイツという優雅な名をつけた。それは半蔵門から南のお堀を隔てて、皇居の森に向かってある程度の風致があったからでもあろう。

皇居の番兵は、ツバの広い帽子をいただいたオーストラリア兵であった。このカマボコ兵舎というのは大きな波トタン板をたてに丸くまげて、半円形となし、これを地上に伏せ、その両端は同じくトタン板でふさいだ建て物である。長さ五十メートル、高さ三メートル、幅四、五メートルぐらいで、食品カマボコによく似た形であったから、日本人の間には、期せずしてこの名称がゆきわたった。

ここに東京裁判の米人弁護士アルチデス・ラザラス君が占拠宿泊していた（ラザラスという名はバイブルにも出てくる名である）。私の住所、紀尾井町三番地とは、今日の感覚では相当の距離はあるが、その当時は中途の障害物がなかったから、全く近所同士であった。それゆえ、ラザラス君のカマボコ兵舎には私も行くし、ラザラス君も私の住所に来られたこともある。

同君は米人弁護士中の最年少者で三十五、六歳ででもあったろうか。米軍では大尉といった。同君は日本人弁護士神崎正義君と組んで、畑俊六元帥の弁護に当たられた。畑元帥は、前後二回にわたって中支派遣軍の司令官をつとめられたのと、米内内閣倒壊を企てたということの責任を問われたのであった。これに関係が多いので、ラザラス君は蘆溝橋で始まる日華事変の冒頭陳述並びに証拠提出をも担当せられた。カマボコ兵舎は主として下士官の宿舎であったので、後にはラザラス君も、他のホテルに移られ、夫人も呼び寄せられた。夫人が来られた時に私も一夕、晩餐の小宴に招待せられた。

おことわりしておくが、私の英語はまことにブロークンであり、ことに発音やアクセントが成っておらぬ。その代わり日本人にはよくわかる。

かつてウエッブ裁判長が清瀬博士の言うことはまったくわからぬといった時、伊藤清弁護士は控え所へ引きあげて、ウエッブは、けしからぬ男だ。この法廷で清瀬君ぐらいハッキリした英語はないではないか、ウエッブを不信任しようと発議された。むろん笑い話であって、私の英語が日本人だけにわかり、肝じんの英米人にはわからぬという意味である。

ラザラス夫人も私のいうことは半分はわかり、半分は聞き取れなかったのであろう。私に「あなたは、いつごろから英語をご勉強になりましたか」ときいて来た。私は答えて「あなた方がおとうさん、おかあさんという語を話しかけた以前からです」——Before You could murmur mummy and daddy——と言って大笑いしたことを思い出す。

ラザラス君について思い出すことがもう一つある。ある日ラザラス君と私はカマボコ小屋からジープに乗って、千葉県の関宿という町に元総理大臣鈴木貫太郎大将をおとずれたことがある。

関宿町は同じ千葉県でも利根川に沿い北方にぬけ出し、東京よりは西北に相当遠い。終戦決定の御前会議の模様並びに日本指導者の起訴を予期したか否やの事情をきくためであった。大将は心持ちよくわれわれを引見せられ、有益な話があった。それよりもラザラス君の驚いたことはその生活の質素なことである。お宅は六畳、四畳半ぐらいで、一階。付近に一畝《いっせ》ぐらいの菜園を作っておられた。日本の海軍大将、元総理大臣の生活はこんなものかと感嘆しておられた。わかれに臨んで大将は「日本は負けたが、負けっぷりはりっぱにしようと思った」と告げられた。ラザラス大尉にこの意味がわかったかどうか。

【付記】昭和二十一年七月に鈴木貫太郎大将名義で「終戦の表情」と題するパンフレットが出版された。六三ページより成る。労働文化社刊とある。昭和二十年四月七日、鈴木内閣の成立より、終戦に至るまでの経過と感想がくわしくのべられている。その結びともいうところに「……最後に日本人として、是非、残して置きたい美点は何かと言へば、本当の武士道であると思ふ」「武士道は決して武を好む精神ではない。正義、廉潔を重んずる精神であり、慈悲を尊ぶ精神である」と説かれている。これで負けっぷりを、りっぱにしようとの意味がわかる。

A級戦犯以外ではあるが

ウ将軍をなぐらなかった男

日本軍は昭和十六年十二月八日開戦、同日真珠湾を攻撃、山下奉文中将のひきいる第二十五軍はマレー半島のコタバル、シンゴラに上陸した。他方、十二月十日にフィリピン北部に上陸した日本軍は漸次南下し、翌十七年一月二日にはマニラを占領、二月二十二日にはマッカーサー大将はオーストラリアへ脱出したのである。それゆえ、米国の将兵は全部マニラ付近に置き去りにされ、ことごとく日本の俘虜となった。これらの俘虜は台湾に移され、台湾各地の俘虜収容所に分割収容された。このフィリピンでの俘虜のうちに、ウェーンライト将軍というのがいた。

将軍には、台湾の俘虜収容所で、ブタか何かを飼う仕事があてがわれたと聞く。将軍は老人でもあり、そんな仕事をしたこともない。むろん、まじめにそんな仕事をしそうにもない。そこで、監視兵の一人がもどかしがって、将軍の顔をピシャリやったという事件が起こった。

その後、戦争の運命は逆転した。昭和二十年八月には台湾にあった米軍俘虜は釈放され、収容中に彼らを監視していた人たちの罪科は、すべて俘虜虐待または俘虜侮辱事件として起訴せられ、東京の巣鴨に護送せられるに至った。

かくのごとき経過で、台湾より巣鴨に送られてきた戦犯であるA君という中尉（特に名を秘す）が、私に手紙で、ぜひお目にかかりたい、という切々たる訴えをしてきた。そこで私は、ある日、東条被告に面会にゆくついでに、巣鴨でA君にも面会をした。その時、A中尉は、

「自分が台湾で俘虜監視の仕事にたずさわったのは事実であるが、ウェーンライト将軍を殴ったという事実はない。これは人違いか何かだ。このことを米軍調査官にふたたび三たび訴えたが、とりあげてもらえない。このまま私は無実の罪で死ななければならないのであろうか。何か施すみちはないのだろうか」

と、惨然たる相談であった。私もたいへん感に打たれた。かくのごとくA君と相対して四、五十分も物語りをしているうちに、A君の洋服の右のそでがべちゃっとしているのに気がついた。

「君、右の腕はどうしたのか」

「こんどの戦争でやられたのです。それで第一線を離れ、俘虜の監視のような仕事に回されたのです」

「君は生来の左ききではあるまいなあ」

「むろん、一般人と同じく右手でないと何もできません。不自由です」

それで私は一つの考えが浮かんだ。翌日、東条の共同弁護士であったブルーエット君と相

談し、ブルーエット君の名でウェーンライト将軍に手紙を出してもらった。その趣旨は、往年貴将軍が台湾にあられた時、貴下をお世話申し上げる職務の兵が貴下に無礼をしたかどで、今軍事裁判にかかっている。もし貴下の顔面を殴ったとすれば、それは貴下の右頰であったか、それとも左頰であったかと問うたのである。

将軍よりはただちに返書が届いた。私の顔を打った者の名は覚えぬが、それは私の左の頰を先方の右の手のひらで強打したのであるとの趣旨であった。

そこでブルーエット君と私は相談の上、ふたたびウェーンライト将軍に丁重な手紙を出し、こんなことで将軍を証人として喚問するのは気の毒でありますから、どうかお手紙の趣旨と同一のことをのべた宣誓口供書（アフィダビット）を作って、御送付願えまいかと交渉した。これに対し、将軍はまたこころよく承諾せられ、前の手紙と同一趣旨の宣誓口供書を作ってわれわれに送付せられた。

これを入手したわれわれは、まだA君の裁判は開廷されていないから、訴追官をしらべて、これに対し

「被害者ウェーンライト将軍は左のほっぺたを先方の右の手のひらで強打したと述べられている。他の証人と違い、ウェーンライト将軍ともあろう人の証言を疑うことはない。どうか、A中尉の身体を検証願いたい。同中尉の右の手は、つけ根から取られてしまっている。これがため第一線より退き、俘虜監視という役目についた。A君は右腕を持たない。右の手のひらを持たない。右の手のひらで先方の左頰を殴るということは、あり得ない事柄である。本

件はすみやかに起訴を取り消されたい」

と申し立てた。訴追官は割りあいオープン・マインドの人物で、なるほどというので、すぐに起訴を取り消し、本人を釈放した。

A君は関西のある観光都市の出身で、家庭もしっかりした中産営業者である。その細君は本人の釈放の知らせに驚喜して飛ぶがごとくに上京し、二人で郷里へ帰って行った。私も県は違うが同じく関西の出身で、A君の市にもたびたび行った。爾来A君夫婦はきわめて仲よく、商売も繁盛している。これは手ぎわよく人違いが証明せられた例であるが、本当の犯人がその後調べられたとは聞かない。

直訴して釈放

K君は、いわゆる米人二世であった。父母が日本人であるというわけで日本人、米国で生まれたということで米国人。幼少より米国で一応の教育を受けたのであるが、日本人としての教養が必要なので、戦争開始前に日本に帰り、某大学に通っていた。身辺は三木武夫君のお世話になっていた。

そのうち学徒動員で、徴集せられた。K君は前述のごとく二世であるから、英語ができる。当局は適材適所というわけで、俘虜看視の役にまわした。

あるニッケル鉱山で俘虜を使うこととなり、K君はその看視や世話をすることとなった。日本側では虐待などをするつもりはさらにないが、そのころの国内は物資の欠乏がはなはだしく、一般人の生活も容易でなかった。いわんや、肉食の習慣で育った米兵には、相当の苦痛であったろう。終戦となって、国内にあった俘虜も釈放、帰還し、K君も除隊となり親せきの居住しているロサンゼルスへ帰った。

K君がある用件でロサンゼルスの街路を通行していたところ、通行人の一人が近づいてきて

「オイ、貴様はKじゃないか。オレの顔を覚えているか」

との応対である。これはK君が往年、鉱山で俘虜の看視をしていた時の、被看視俘虜の一人である。そこで通行人である旧俘虜とK君との口論となり、実力行使となった。ついには両人とも警察に連行され、米国の法律に従って取り調べが進み、K君は米国の国籍をも持ちながら日本軍に従軍し、しかも俘虜を虐待したということで起訴せられた。

むろんこの事件には、ロサンゼルスにおいて著名な刑事弁護士が弁護を担当した。役にたったかたたないか知らないが、私からも、弁護の資料として申し出たこともあった。私の考えでは、ある者が二つの国籍をもっている場合、そのうちの一つの国と他の国との間に戦争が起こるとすると、二重国籍の者はいかなる国に忠誠を尽くすべきかを研究すべきである。これには二、三の裁判例もある。要するに、本人の現に住んでいる国のために働くのが当然である、というのである。

日米の間に戦争が起こった以上、在米の二世は米国に忠誠を尽くして敢闘すべし、現にこのたびの戦争でも、かの日本人部隊はイタリア戦線において、米国のために勇敢に戦った。

その当時は、イタリアと日本は三国同盟を結んでいたので、現実に日本との戦線では戦わなかったが、間接には日本の反対側に立ったのである。これは日本国としても称賛した。

これが最近二つの国籍のうち、居住国のために忠誠を尽くした前例である。K君は二つの国籍を持っていて、日本政府から当時の法規に従って学徒動員により徴集せられたのであるから、決して反逆罪（ハイ・トリーズン）をもって問疑すべきではない、との趣旨である。

かくのごとく理屈はあるのであるが、米国裁判所では反逆罪として死刑を宣告した。これに対して特赦の請求や、また親族よりの重ねての陳情のため死刑は無期に変更され、K君は刑務所で重労働に服していた。どうかして釈放をしてもらおうと思って、多くの人が活動した。私の記憶では、当時社会党の代議士であって、牧師をかねておられる西村関一君も非常に尽力された。しかし何の効果もない。

ところが、一九六二年と記憶するが、米国大統領ケネディの弟で、当時検事総長（アトネイ・ゼネラル）であったロバート・ケネディが日本に来た。ちょうどその時、私は衆議院議長をしていたので、儀礼的に私を議長室に訪問された。

その時、通常のあいさつをした後、閣下に一つ聞いてもらいたいことがあると前置きして、前記K君の無期懲役のこと、またロバート・ケネディ氏の前任者に対してたびたび特赦の申請をしたことを説明し、また私のいだいている二重国籍の場合の忠誠義務に対する話を簡単につげた。なお、日本人の名前は米人には記憶しにくいから、K君のローマ字つづりと刑務所の名前を別に書いて、これだけは忘れずにもって帰ってくれといって、彼のポケットに押し込んだ。

その後、反応を待っていたら、偶然にも兄大統領が暗殺される直前に、K君は米国を離れることを条件にして釈放されるとの知らせに接した。K君はそれから数日のうちに、日本へ帰ってきた。

BC級戦犯

この回顧録は東京裁判、すなわちA級戦犯に関することに限った。しかしいやしくも戦犯のことに言及する以上、BC級（俘虜関係及び通常の戦時犯罪関係）にも言及せねばならない。日本人BC級戦犯に対する裁判所は米・英・オーストラリア・オランダ・フランス・フィリピン・中国（現台湾）・ソ連及び創立後の中共（現中国、以下同じ）の九か国、裁判所の数は五十余か所である。東京・丸の内の仲二号館で開いた豊田元海軍大将等の裁判も、性質からいえばBC級裁判所であった。横浜で開かれたのも、むろんBC級裁判であった。

ソ連、中共の分は十分に知ることができないが、その他の七か国で起訴せられた者は五千四百八十七人。そのうち有罪は四千三百七十人、無罪、起訴却下、死亡、合計一千百十七人である。有罪のうち死刑、実に九百三十七人、終身刑三百三十五人、有期刑三千九十八人、むろんことごとく復讐的裁判で、裁判らしい裁判ではない。

おもな拘置所は米軍――上海、マニラ、グアム。中国軍――上海。オランダ軍――チピナン。フランス軍――サイゴン、プロコンドル。英・豪軍――香港、ラングーン、シンガポール（北ボルネオを含む）。フィリピン軍——モンテンルパ。オーストラリア軍——ラバウル（後にマヌス）。

ソ連や中共はよくわからないが、二十五年四月二十二日のタス通信によれば、当時残留戦犯は取り調べ中の者千四百八十七人、中共に引き渡さるべきもの九百六十九人と発表された。ソ連における戦争裁判は二十五年五月ごろに終わったようである。

中共についても不明なるところが多い。中共で山西軍に参加した日本人約七百人は戦犯容疑者として収容せられた。中共では三十一年六月ないし七月に瀋陽（奉天）および太原において計四十八人が有期刑を判決せられ、他は同年八月の間に釈放せられたという。

中国関係の既決、未決の囚人（巣鴨に送還せられていた者も含み）は二十八年八月五日の日華平和条約の発効とともに全部釈放された。蔣介石が「暴に酬ゆるに徳をもってす」と宣言したのはこの時である。

中国以外の六か国についても、漸次減刑または釈放され、三十三年五月三十日、米軍関係既決者を最後に釈放され、終身刑などで仮釈放（パロール）中の者も、三十三年十二月二十九日を終期とする刑に減刑せられた。

ソ連関係既決囚は三十一年十二月十二日、鳩山内閣当時の日ソ共同宣言の批准交換で釈放され、同年十二月二十六日、内地に帰還した。中共関係既決囚は三十九年三月六日、最後の三人が釈放され、同年四月七日、空路羽田に帰還した。（以上、全国戦争犠牲者援護会調べ）。

ＢＣ級戦犯裁判としてはフィリピンにおける山下奉文大将に対するものが比較的早期に行

なわれた。その弁護人は米軍将校（法務官）であったがため、米国戦犯裁判の弁護のやり方をその後のケースに示したともいう。米国最高裁判所に上訴もしたが、結局死刑が確定した。

日本陸軍司令官以上のもので死刑になったのは前記山下将軍のほか、フィリピン攻略時の最高指揮官本間雅晴中将、B29の無差別爆撃飛行士を処刑した東海軍管区司令官岡田資中将、ボルネオ軍司令官馬場正郎中将、ジャワ最高指揮官原田熊吉中将、オーストラリア軍飛行士殺害の責任を問われたスマトラの最高指揮官田辺盛武中将、広東軍（中国）司令官田中久一中将、南京虐殺事件の責任を問われた谷寿夫中将である。

海軍では根拠地隊司令官であった大杉守一、鎌田道章、醍醐忠重、原鼎三、森国造、阿部孝壮各中将、及び岡田為次少将。なお戦隊司令官左近允尚中将は香港で処刑せられた。しかし艦隊長官以上で死刑となった者はない。

なお連合国戦争犯罪法廷の裁判は、二十六年四月九日豪州マヌス島において、これを終結した。まことに多数の尊き人命を一時の復讐心の満足のために失わしめた。幾十年の春秋を経た今日では、連合国側の人々も悔悟のほかは何ものも残っておるまい。われわれ日本人としては、粛然として諸氏の冥福を祈るとともに、将来の世界の平和を工夫せんとの情、切なるものがある。

判決をどう受け取るべきか

判決言い渡し時の表情

東京裁判判決の結論は

絞首刑――東条英機、松井石根、土肥原賢二、広田弘毅、板垣征四郎、木村兵太郎、武藤章（七人）
終身禁錮刑――木戸幸一、平沼騏一郎、荒木貞夫、畑俊六、星野直樹、橋本欣五郎、小磯国昭、南次郎、岡敬純、大島浩、佐藤賢了、島田繁太郎、鈴木貞一、賀屋興宣、白鳥敏夫、梅津美治郎（十六人）
禁錮二十年――東郷茂徳（一人）
禁錮七年――重光葵（一人）

ということである。この言い渡しを受けた時の光景はどうであったろうか。私はもはや遠い日のことであって、ハッキリしないのである。幸いに私の親友で、菅原裕君（荒木被告担当）が、昭和二十八年に『東京裁判の正体』という本を書かれた（昭和三十六年十月、時事通信社刊）。私もこの本に序文を寄せたりなどした。この本のうちに、判決日の光景が書いてある。私も大体よく描写されていると思ったから、菅原君にこの記事の借用方を頼んだところ、快く承諾された。下文中「著者」とか「私」というのは菅原君のことである。

「一九四八年十一月十二日午後三時五十五分から、全被告に対する刑の言渡が行なわれた。法廷は平素とちがい、弁護人席の二列目を取り払い、各被告を一人ずつ呼出して、被告席の上段の中央に立たせたのである。照明はまばゆきまでに輝き、裁判官も、検事も、弁護人も、傍聴人も、報道陣も、すなわち満廷の全視線と全カメラとが、ただこの一人の被告人に集中したのであった。

著者はちょうど被告と裁判長との中間に位する弁護人席を与えられたので、無礼とは思ったが被告諸氏の最後の態度を見とどけようと、うしろ向きになって至近の距離から注視した。

もちろん被告たちは誰一人として、この期に及んで、死刑の宣告に驚き騒ぐ者はない。しかし、戦犯の汚名をきせられて、邦家の運命を担いながらむなしく消えて行こうとする者として、誰が全身の緊張なくしていられようか。いわんや、身を軍籍に置いたものとして、最後をとり乱したくない、笑われたくないと心がけるのは武士のたしなみとして当然であろう。しかし、その緊張が外から見ているとかえって固くなったように見えぬでもなかった。板垣被告の如きは剛勇無双の武人であったが、多少緊張が過ぎた様に思えた。武藤被告は最後に口をへの字に曲げた。私はその瞬間ハッと彼は田中隆吉証人のことを考えたなと直感し、惻隠《そくいん》の情を禁じ得なかった。

二年余りの獄中生活により、被告たちのうちには国際法廷の被告の地位になれきって、かつての大臣、大将の自覚に立って、文明の名をかたる連合国の無法裁判を憫笑《びんしょう》する気概も見識も失っていたように見受けられた者もあった。したがって、見ようによっては、試験官の前に立たされた受験生のような感じがしないでもない。

ところが東条被告においてはこれが全然反対で、東条試験官が、ウエッブという受験生の答をきいてやるような態度で、顔は微笑しているようでもあり微笑していないようでもあった。この顔は『朝日グラフ』によく写されていたが、全く私はこの時の東条氏の顔を見て、アアこれは立派に解脱したなと感じたくらい悟りすましたものであった。ウエッブ裁判長の絞首刑の宣告をきき終るや、二度軽くうなずき『死刑か、よし、よし、わかった、わかった』というような表情をした。著者はこの東条被告の神々しい一瞬の光景を見て、東京裁判も立派な終幕を告げることができたと胸をなでおろした。

その後、他の被告中にはアメリカ弁護人が勧めるままにアメリカ大審院に上告した者もあったが、東条氏は同調せず、清瀬弁護人に対して『目的どおり自分が元兇になって、死刑の判決を受け得たのは非常に満足だ。この上はどうか連合国当局にいって死刑の執行を　一日も早くやってもらいたい。ぐずぐずしていて横槍が入ったりしては困る』と述懐したそうである。

またある時は『風邪もひかずに死刑執行まで健康を維持することはなかなか容易なことではない。なるべく早く執行するようにしてもらいたい』ともいったそうだ。これはまさしく自分の好物の柿を断って健康を保持した石田三成の心境と相通ずるものがある。その当時彼が愛唱した歌のうち、清水観音の詠歌〝なほたのめしめぢが原のさしも草われ世の中にあらん限りは〟があったことも、彼の修養のほどが偲ばれる」

菅原君の「判決言い渡しの光景」はついには東条被告の修養談にまで発展した。東条被告は巣鴨入所以来二年の間、教誨師花山信勝博士の指導により、仏教の信仰にはいったのは事実である。「意訳聖典」はくり返し読まれたようである。これらの消息は花山師の『平和の発見』中に詳細に述べられている。

全員の無罪主張

興行的誇示と、連合国内むけの安価な復讐感覚に訴えるために仕組まれた東京裁判だが、裁判官の一人から、被告にはすべて無罪の判決を言い渡すのが当然であるとの意見が提出せられた。裁判を仕組んだ側の連合国当局の驚愕と狼狽は言語に絶した。

憲章の規定から言えば、まず法廷でこれを朗読せねばならない。弁護士側も法廷で朗読すべしとの動議を出した。裁判長は長文でこれを朗読するに数日を要するからとの口実で、朗読を禁じた。それならこちらでこれを印刷頒布すると言い出した。そうすると、進駐軍司令部の命令で印刷を禁じた。日本が昭和二十七年四月二十八日、独立回復までは、パール判決の判決正文は一般の手にははいらなかった（われわれ弁護人には判決文のタイプライター刷りを一部交付せられ、被告に示すことが出来たが）。

この無罪判決後、まだパール判事が日本に滞在中に、東京弁護士会で同判事を招聘し、東京裁判につき講演を求めたことがある。その時、主催者が紹介の挨拶中に、日本人被告に同情ある意見を出され感謝にたえないといったようなことをのべた。この挨拶にはパール判事ははなはだ不きげんであった。

「私は日本に同情するがためかの意見を呈したのではない。私の職務は真実の発見である。真実を探求した結果、かのような結論になった。それ以上のものでも、それ以下のものでもない。同情に感謝するというのはまったくの見当違いである」

という意味のことを答えられた。もう長くなるので、正確な言葉は忘れたが、言葉はどうであっても意味は間違いない。インド人の宗教的信念で、真理には非常に徹底したものがある。また真理を求むるには、労を惜しまない。この事件で一番中心となった法律問題は、いわゆる「侵略戦争を準備し、またはこれを遂行するということは、太平洋戦争当時、犯罪であったのか」「犯罪であったとして、その当時の指導者個人を処罰し得たのであったか」、この二点が実に中心的大問題であった。

他の点についても判事は入念に研究せられたが、この二点については実に徹底的に研究せられた。一般国際法の典籍は言うに及ばず、雑誌なり、単行本なりに至るまで、賛成論も、反対論も、ことごとく研究の対象とせられた。

当時われわれ日本人は外国との交通は禁ぜられていたがため、学説上の研究資料として使用したものは、戦前より東京帝国大学にあったもの、国会の図書室にあったものに限られ、非常に貧弱であった。これに引きかえパール判事の使用せられた文献は無慮、三千冊にのぼると伝えられた。

その後、一九五五年に『国際関係に於ける犯罪』なる一書が発行せられた。これらの研究の法学界における貢献ははなはだ大である。

国際法学の権威であるイギリスのハンキー卿は『戦争裁判の誤り』（わが国では長谷川才次君の訳書がある）の中で「裁判官パール氏の主張が、絶対に正しいことを、私は全然疑わない」と保証しておられる。

米国では、最高裁判所のウィリアム・O・ダグラス判事は東京裁判の被告がなした再審査請求事件に対し、一九四九年六月、意見書を発表した。その中でパール判決を支持し「国際軍事裁判所は政治的権力の道具以外の何物でもなかった」とのべられた。

以上のように公平な第三者から見れば、戦争犯罪に関するパール判事の見解こそは正しき真理である。パール判決については日本以外の諸国において早くから研究せられているのにかかわらず、肝じんの日本においてその研究が遅れた。これは占領時代が長く、出版の自由がなかったことにも原因している。

しかるに数年来、わが国の有志学者により「東京裁判研究会」なるものがもたれ、パール判事の意見の全文翻訳の決定版ともいうべきものを作り、別にパール判決の意義、その背景等を解説付加して、七七六ページにのぼる大冊が出版された。

わが国では著名な出版があるときは、出版記念会が発起せられる例である。パール判事に本書出版記念会に出席のため、日本へ来訪して下さるまいかと岸信介君と小生の名で案内したところ、快諾せられ、四十一年十月一日来日せられ、日本大学からは名誉法学博士の学位を贈った。三日、尾崎記念会館で講演が準備されていたが突然発病せられ、出席はせられたが講演は不能であったことは残念であった。その後病気は軽くなり、京都その他を見物して下さることができた。

日本政府は同氏の平和に対する功績を認め、勲一等瑞宝章を贈った。パール氏は四十二年一月十日、病あらたまり死去せられた。深く哀悼の意を表する。

パール判決の終末は

「時が、熱狂と偏見をやわらげた暁には、また理性が、虚偽から、その仮面をはぎとった暁には、そのときこそ、正義の女神はその秤《はかり》を平衡に保ちながら、過去の賞罰の多くに、その所を変えることを要求するであろう」

の一句をもって結んでいる。世界はようやく熱狂と偏見がやわらげられつつあるのではないか。さらに、理性が虚偽から仮面をはぎとるときの近からんことを望んでやまない。

重光起訴の誤り

ソ連の検事団が、わざわざ巡洋艦に乗って東京に来たのは、一九四六年（昭和二十一年）四月十五日であった。全被告への起訴状送達は同月二十九日。それであるから、その間十四日しかない。

元来、日本は太平洋戦争中はソ連とは不戦条約を結んでいた。一九四五年八月九日、アメリカが原爆を長崎に投下した日に不戦条約を破棄して満州にナダレ込んできたのであるから、日本がソ連に対する侵略の事実のあろうはずがない。満州に残っていた兵士や、日本民間人を俘虜だといってつれて行ったのはソ連であるから、俘虜虐待はソ連側にあって、日本側にない。

そこで、ソ連側検察団は何とも手が出ない。だんだん考えた上、張鼓峰事件とノモンハン事件を日本の侵略戦争と見たてて（実際はその逆、しかも解決ずみ）、梅津美治郎と重光葵を被告に加えることをキーナンに迫った（重光は張鼓峰、ノモンハン事件当時のモスクワにおける日本大使、梅津はたしか満州における日本大使。それゆえ、両件に関係があるというのである）。キーナンも当時の国際情勢上、これをいれざるを得なかった。それで同年四月二十九日送達の起訴状に、この二人の氏名が被告として加えられた。

二年有半の審理の後、重光は七年の刑（ただし、罪状認否以来裁判中の期間は通算される）に処せられた（梅津は軍人であるため、他の訴因にも関係があり終身刑）。重光は昭和二十五年十一月には仮出所を許され、昭和二十六年十一月には刑期満了した。これを知ったキーナン検事は、昭和二十七年二月九日付けで、重光の弁護人ジョージ・ファーネス君に、つぎの書簡を寄せた。

一九四八年、裁判の終了に際して、私は重光氏が有罪の判決を受けたこと、さらに彼が裁判にかけられた人々の中にふくまれたこと自体に対して、深き遺憾の意を表しました。裁判を受くべき者を選定する仕事には、最も重要な問題がふくまれているのであり、これは裁判所条例によれば、首席検察官としての私の責任でありました。しかし、十にのぼる国、または連邦構成員が戦争犯罪人訴追への努力に参加していたので、被告の人選および起訴について全員一致をとることは、全く適当な方法でありました。

私は重光氏をこのグループにふくむことに不本意ながら同意したのは、実にこうした理由からであります。裁判が進むにつれて、重光氏を引きいれることが、正義と公平に添うゆえんであったかどうかについて、私はますます疑問をもつようになりました。

訴訟中止のための手段をとることは、裁判条例は必ずしもその権限を十分に認めていないし、こうした行動は裁判所のしりぞけるところとなろうと考えていました。しかし、それにもかかわらず、私はこれをなす責任を押し進めるべきであったのであります。率直にいって、彼のケースが無罪になることを期待するに十分な理由をもっていたのであり、しからざる結果になった時に非常に困惑したのであります。

正義と公平の前に、私は彼を引きいれたことが間違いであったことを確信するに至りました。私はこうした考えは、彼が自若として、当然予期せらるべきふんまん状態を、何ら現わすことなく、この状態を男らしく受けいれたことによって、ある程度安心したのでありますが、しかし、リストから彼を解除することが直截《ちょくせつ》な正しい処置であることと考えます。

さらに、現在および将来に向かって、われわれが直面している混乱した時代に、日本人は重光氏のごとき経験と信念の士を必要とするのでありましょうし、彼の同胞に対する影響力は、日本国民の国内および善隣関係における健全な将来に寄与することの多いことでありましょう。私は裁判当時の彼の弁護人としての書を、貴下にお送りします。私は正義の結論をもたらす権限ある当局に対しても、同様の声明または説明を喜んでなすつもりでありますが、とりあえず、この手紙はあなたが適当と思う方法で、自由にご使用願いたいものであります。

一九五二年二月九日

ジョセフ・キーナン

ジョージ・A・ファーネス様

この手紙の意味は全文で明らかであるから、注釈は必要でない。キーナン検事の裁判中の態度については、私も、少しかんしゃくにさわったことがないでもなかった。しかし、この手紙は誠意のこもったものとして認めなければならない。わが国の検事中に、だれがこんな手紙を書ける人があろうか。

重光葵氏はその後追放も解除せられ、悠々と鎌倉に静養し、獄中で執筆された『昭和の動乱』の校正などをしておられた。昭和二十七年の夏、芦田均君や、大麻唯男君や、松村謙三君や、三木武夫君らが「改進党」を組織せんとしたが、適当な党首がない。そこで芦田君の発案と記憶するが、右の重光葵氏を引っ張り出し、総裁にすえた。

創立総会は同年六月十三日、日比谷の公会堂で行なわれた。この時会議中に、千葉三郎君が右キーナン検事のファーネス弁護士あて手紙を朗読した。そのあと、満場一致で重光総裁推戴《すいたい》が議決せられた。この創立総会の議長は私がつとめた。

草案のミス、判決のミス

東京裁判の判決速記録二七ページに「グルーの報告書が書かれた前日（注＝前後の関係からみれば一九三三年九月十四日に当たる）に、広田弘毅は日本の外務大臣と〝軍事参議官〟になった」との記事がある。

その当時の日本の法規では、軍事参議官というのは現役の大将または中将に限って就任できる地位であり、したがって、文官の広田が軍事参議官になったというのは、大変な珍談というべきである。このことは、裁判中にも軍事参議官は現役軍人に限ること、また実際に広田が軍事参議官になったことがないことを証明したのである。日本人ならば、そんなバカバ力しい証明はいらないのであるが、もし万一のことがあってはならぬというので、そのことを証明した。

法廷の日本人はみな苦笑を禁じえなかった。それにもかかわらず、判決書には何ら訂正をみず、以上のごとく一九三三年九月に、広田軍事参議官ができている。

もう一つ、同じようなことが起こった。それは、荒木貞夫が〝国家総動員審議会総裁〟であると記載されたことである。われわれの年配の者はみな知っていることであるが、国家総動員審議会総裁は、内閣総理大臣が当然兼務することとなっている。忘れもせぬが、初代の総裁は東条英機であり、その後総理大臣が代わるごとに、みなこの職を兼務した。

このことを注意したところ、検事もその誤りを認め、荒木大将がかつて文部大臣になり、その時の文部大臣が国民精神総動員委員長となったことが、英文の誤訳によりこんな表現になったと訂正した。裁判長もこの訂正を認めたので、むろん訂正されたものと了解していた。しかるに、判決はもとの通りになっている。

その他にも、証拠で固まったと思っていることが、いっこう顧みられていない。いったいこれはどこから来たものであろうか。われわれ日本人は、判決書はかならず裁判官が書くものだと思いこんでいるが、東京裁判では、どうもそうではなかったらしい。

昭和二十三年の三月に証人調べが済んでから、判決のために半年ほど休廷したが、その時に聞いたところでは、判決起草委員会なるものができ、その委員会には裁判官は出席せず、証人調べや法廷のやりとりをいっさい知らない人が委員となって、起訴状やその他二、三の書類を参照して作った作文が判決となったにすぎないようである。このことは秘密になっているが、フランス代表のアンリー・ベルナール裁判官の個別陳述中に、つぎのような記事がある。

「判決文中の事実の調査結果に対する部分全部は、起草委員によって起草され、その草案は進捗するにつれ多数と称せられる七判事の委員会に提出された。この事実の複写は他の四判事にも配布された。そしてもし必要なら草案の修正のために、この四判事は自分たちの議論の内容に鑑みて、自分らの見解を多数判事に提出することを要求された。しかし法廷を構成する十一判事は、判決文の一部または全部を論議のために招集されたことはなかった。ただ判決文の個人の場合に属する部分だけが、口頭審理の対象となった」

以上の文章中、多数派七判事というのはアメリカのクレーマー、フィリピンのジャラニーラ、カナダのスチュワート、中国の梅汝璈、ニュージーランドのノースクロフト、ソ連のザリヤノフ、イギリスのパトリックの七人である。ほかの四人は裁判長＝オーストラリア＝のウィリアム・ウエッブ、オランダのローリング、フランスのアンリー・ベルナールおよび被告全部を無罪とすべきであるととなえ、千数百ページの無罪理由を提出したインド代表のラダビノード・パール判事である。

インド裁判官パール氏は、インドに帰国後、ハーグの国際仲裁裁判官、国連の国際法委員などを勤めていた。東京国際軍事裁判のパール判事の判決文は、非常に価値あるもので、その後、日本では一又正雄博士その他が丁重に訳され、これに解説を付し、出版された。

インドのことで、もう一つ記載したいことは、ちょうど東京裁判があった期間に、インドでも軍事裁判があったことである。

太平洋戦争が始まった十二月八日に、山下奉文中将が第二十五軍を率い、コタバル、シンゴラに上陸し、マレー半島を南下して多数のインド兵(英軍)を捕虜とした。このときインド兵捕虜を編成して「インド独立国民軍」を組織し、わが国に協力させた。後には長く日本にいたチャンドラ・ボース氏がその長となり、「自由インド仮政府」がつくられたのである。

終戦の前、日時は忘れたが、チャンドラ・ボースは台湾で飛行機事故のため死亡した。その後終戦となったが、インドにある英軍からみれば、このインド独立国民軍は結局叛逆となるので、英印軍司令官マウントバッテン将軍の指揮下において、軍事法廷を開こうとした。

これに対する印度民衆の反抗は非常にはなはだしく、この事件で訴追された三人の大佐が裁判所の所在地ニューデリーに到着するや、英軍の勝利を祝うVD記念日に、市民が全戸弔旗を掲げ、商店は店をしめ、学生は学校を休み、労働者は職場を離れ、この日をインド民族の悲しき記念日として、独立運動犠牲者に黙禱をささげた。

カルカッタ、ボンベイ、その他の地方においてもこれと同様であったから、英国政府も総督もろうばいして、軍事裁判の最高責任者をして、叛乱罪を取り下げ、単なる殺人罪として起訴すると声明せしめたが、それでも騒ぎはおさまらず、判決は被告に対し十五年の刑を言い渡し、同時に執行停止、即日釈放の宣言をした。この形勢が、その後のインドの独立となったのである。

A級戦犯裁判の打ちきり

死刑宣告を受けた七被告が、巣鴨刑務所内でその執行を受けたのは、昭和二十三年十二月二十三日であった。その翌日たる十二月二十四日もまた記念すべき日となった。この日GHQは巣鴨に拘置されている残りのA級容疑者を釈放し、A級戦犯の裁判はこれで終了するという重大声明をなしたのである。

この日まで巣鴨に残っていたA級容疑者は十九名で、その氏名、ならびに戦前、戦中の地位は次の通りである（ABC順）。

安倍　源基　元企画院次長、元内務大臣
安藤紀三郎　元内務大臣
天羽　英二　元情報局総裁
青木　一男　元大東亜大臣
後藤　文夫　元内務大臣
本多熊太郎　元駐華大使

石原広一郎　石原産業株式会社社長
岩村　通世　元司法大臣
岸　　信介　元商工大臣
児玉誉士夫　元児玉機関長
葛生　能久　元黒竜会会長
西尾　寿造　元中国派遣軍総司令官
大川　周明　著述業
笹川　良一　元国粋大衆党首
須磨弥吉郎　元スペイン公使
多田　　駿　元華北派遣軍総司令官
高橋　三吉　元軍事参議官
谷　　正之　元内閣情報局総裁、外務大臣
寺島　　健　元逓信大臣

この物語りで後に私は東条英機の残した遺言（花山摘記）に「なお言いたきことは、最近に至るまで（アメリカは）戦犯容疑者の逮捕をなしつつある。今や戦後三年を経ているではないか。新たに戦犯を逮捕するということきは、即時にやめるべきである。（中略）戦犯の逮捕は我々の処刑をもって、一段落として放棄すべきである」という一齣があることを記述するはずである。米国側はこれを読んで今回の打ち切りをやったというわけでもあるまいが、この十二月二十四日のA級容疑者の釈放は、この東条の米人に対する要求と一致している。

昭和二十年九月以来、数回にわたり、A級戦犯逮捕が行なわれ、または出頭命令が出され、大森または巣鴨に収容せられた。ある時には百名以上にも及んだが、これらの容疑者は、短きは数日中に釈放されたが、長きは三年間も拘置され、前記の昭和二十三年十二月二十四日にはじめて釈放された人もある。中途で釈放された人のうちには、梨本宮守正王殿下がある。梨本宮殿下は昭和二十年十二月十二日に巣鴨に入所せられ、翌年四月十三日まで御拘置をお受けになった。

A級戦犯と一緒に巣鴨に収容せられた人で、元海軍軍令部総長、連合艦隊司令長官豊田副武大将と、元俘虜情報局長田村浩中将は、A級ではなしに別にBC級戦争犯罪として起訴せられ、それがため特に千代田区丸の内仲二号館に法廷を特設して審理を開始した。弁護には花井忠君があたった。審理は米人が当たったのであるが、この裁判では豊田大将は無罪の判決を受けられた。田村中将の刑については私は聞いていない。

東京裁判で中国代表（国民党政府代表）の裁判官梅汝璈は、一九四八年（昭和二十三年）十二月二十七日、中共にくら替えし（その翌年、中華人民共和国が宣言せられた）A級戦犯釈放に不満の意を表明した。そしていうには、これら十九名の容疑者は、中国での戦犯行為を問われて逮捕せられたものであるから、これを中共に引き渡すべきものであるというのである。

十九容疑者の釈放に対してはソ連政府も抗議を出し、連合国総司令官の一存でこれを釈放することは英・米・ソ・中四か国の協定に反するといった。

このころになって連合国間の協議が破れ、冷戦が始まっていた。GHQは一九四九年（昭和二十四年）三月、極東委員会を開いてソ連の反対を押し切り「日本のA級戦犯の裁判は今後絶対に行なわない」と決議した。

こんなわけで、A級戦争裁判、つまり東京裁判は昭和二十四年三月をもって廃止せられ、爾後、同裁判は再び行なわれないことに決定した。しかし、東京裁判で無期ならびに有期の刑の言い渡しを受けた人々は、既決囚として依然巣鴨で服役していたのである。

一九四九年（昭和二十四年）十二月二十五日、すなわち同年のクリスマスに、マッカーサーは巣鴨で服役中（BCも含めた）戦犯既決囚で服役方良好の者には減刑が与えられるとし、六十二名を釈放し、その翌一九五〇年（昭和二十五年）三月には、服役中の既決囚にパロール（宣誓のうえ仮出所）を許すとし、パロール委員会を設置し、同年十一月二十一日に重光葵を仮出所せしめたことはかつて述べた。これに対しソ連は抗議を申し込んだ。重光は出所後、改進党総裁となり、保守合同で自民党に移り、鳩山内閣の外相としてモスクワにも出張し、日ソ国交回復にも尽力した。

一九五一年（昭和二十六年）九月のサンフランシスコ条約第十一条では、なお残っている既決囚の刑の執行責任は、爾後日本政府にあることとなった。

東条遺言の摘記

いつわりなき告白

昭和二十三年十一月四日より、ウエッブ裁判長は判決書を読み続け、同月十二日午後三時五十五分から、全被告人に対し、いちいち刑の言い渡しがあった。

東条はむろん、死刑。本人はそれで満足していた。私に対しては、再審査請求をせぬように頼み、一日も早く刑の執行があるように願った。

他の被告の再審査請求は、マッカーサー最高司令官より数日中に却下せられたが、被告人中には米国最高裁判所に「人身保護法」により出訴する者があり、その件の解決まで刑の執行が再び停止された。東条被告にとっては、少々迷惑である様子であった。

東条は、もともと判決は早く執行して本件のかたをつけてもらいたい希望であったから、本来は遺言のようなものは書かぬつもりであった。しかるに、以上のような事情で時間が余ったから、その年十二月二日、遺言を書くつもりになり、同日執筆をはじめ、四、五日かかって二通の遺言ができた。一つは家族に対するもので勝子夫人にあて、他は公事に関するものであって、私とブルーエット弁護士にあてた。これは、即時には公表せず、時機を見て公表されたい主旨のものであった。

一方、そのうちに米国最高裁判所の事件も却下で終結し、昭和二十三年十二月二十二日に、明二十三日午前零時に刑の執行があると告知された。そこで教誨師の花山信勝師が、二十二日午後に東条大将と最後の面会に行った。東条は遺言について

「私は十二月二日より数日かかって、二つの遺言状を書いた。これを本日読み直してみたが、間違いはない。これは死を直前にした者の偽りなき告白である」

とつげて、これを示された。しかし巣鴨刑務所では、文書でも物件でも、房内の者から外来者に直接授受することは、厳禁されている。そこで花山師は

「検閲その他で、これらの方々の手にはいらぬこともあり得ますから、それを今読んでいただきたい。私がその要点を摘記しておいて、清瀬君その他にお告げいたしましょう」

と述べた。東条大将は、用紙二十枚ほどにしたためた遺言をゆるやかに読まれた。

二十三日午前零時には刑の執行があった。その日の午後には、関係者は用賀の東条邸に集まった。そこへ花山師が飛んでこられた。花山師は非常な興奮状況にあられた。手もふるえ、言葉もとぎれておられた。七人もの死刑執行の立ちあいが、そうさせたのであろう。

この談話のうち、花山師が東条の公事に関する遺言の摘記として、私に告げられたものはつぎの通りである。ただし記事の頭につけた標題は、内容を明白にするため私がつけたものである。

(思い起こせば断腸)　開戦の時のことを思い起こすと、実に断腸の思いがある。今回の死刑は個人的には慰めるところがあるけれども、国内的の自分の責任は、死をもって償えるものではない。しかし国際的な犯罪としては、どこまでも無罪を主張する。力の前に屈服した。自分としては、国内的な責任を負うて、満足して刑場に行く。ただ同僚に責任を及ぼしたこと、下級者にまでも刑の及びたることは、実に残念である。

天皇陛下および国民に対しては、深くおわびする。元来、日本の軍隊は、陛下の仁慈の御志により行動すべきものであったが、一部あやまちを生じ、世界の誤解を受けたるは遺憾である。日本の軍に従軍し、倒れた人および遺家族に対しては、実に相済まぬと思っている。

(いま判決を批判せず)　今回の裁判の是非に関しては、もとより歴史の批判に待つ。もしこれが永久の平和のためということであったら、もう少し大きな態度で事に臨まなければならぬのではないか。この裁判は、結局は政治裁判に終わった。勝者の裁判たる性質を脱却せぬ。

(天皇の地位)　天皇陛下の御地位および陛下の御存在は、動かすべからざるものである。天皇存在の形式については、あえて言わぬ。存在そのものが必要なのである。それにつきかれこれ言葉をさしはさむ者があるが、これらは空気や地面のありがたさを知らぬと同様のものである。

(東亜諸民族)　東亜の諸民族は、今回のことを忘れて、将来相協力すべきものである。

東亜民族もまた他の民族と同様の権利をもつべきであって、その有色人種たることをむしろ誇りとすべきである。インドの判事には、尊敬の念を禁じ得ない。これをもって東亜民族の誇りと感じた。

今回の戦争にて、東亜民族の生存の権利が了解せられはじめたのであったら、しあわせである。列国も排他的な考えを廃して、共栄の心持ちをもって進むべきである。

（米軍に要望）　現在の日本を事実上統治している米国人に対して一言するが、どうか日本の米国に対する心持ちを離れしめざるよう願いたい。

また日本人が赤化しないように頼む。東亜民族の誠意を認識して、これと協力して行くようにしなければならぬ。実は、東亜の他民族の協力を得ることができなかったことが、今回の敗戦の原因であると考えている。

（アジア大陸赤化の情勢）　こんご日本は米国の保護の下に生活して行くのであるが、極東の大勢はどうであろうか。終戦後わずかに三年にして、アジア大陸赤化の形勢はかくのごとくである。こんごのことを考えれば、実に憂なきを得ぬ。もし日本が赤化の温床ともならば、危険この上ないではないか。

（日本人の心を失うなかれ）　日本は米国よりの食糧その他の援助を感謝している。しかし、もしも一般人が自己の生活の困難や、インフレや、食糧の不足などを米軍の日本にあるがためなりというような感想をもつようになったならば、それは危険である。実際にかかる宣伝をなしつつある者もあるのである。よって、米軍は日本人の心を失わぬように注意すべきことを希望する。

（米国指導者の失敗）　米国の指導者は、大きな失敗を犯した。それは、日本という赤化の防壁を破壊し去ったことである。いまや満州は赤化の根拠地である。朝鮮を二分したことは東亜の禍根である。米英はこれを救済する責任を負っている。従って、その意味においてトルーマン大統領が再任せられたことはよかったと思う。

（日本の武力放棄）　日本は米国の指導にもとづき、武力を全面的に放棄した。それは一応は賢明であるというべきである。しかし、世界が全面的に武装を排除していないのに、一方的に武装をやめるということは、泥棒がまだいるのに警察をやめるようなものである。

私は、戦争を根絶するには、欲心を取り払わねばならぬと思う。現に世界各国はいずれも自国の存立や、自衛権の確保を説いている。これはお互いに欲心を放棄していない証拠である。国家から欲心を除くということは、不可能のことである。されば世界より戦争を除くということは不可能である。結局、自滅に陥るのであるかもわからぬが、事実はこの通りである。それゆえ、第三次世界大戦は避けることができない。

第三次世界大戦において、おもなる立場に立つものは米国およびソ連である。第二次の世界大戦において、日本とドイツが取り去られてしまった。それゆえ、米国とソ連が直接に接触することになった。米ソ二国の思想上の相違はやむを得ぬ。この見地からいうも、第三次世界大戦は避けることはできぬ。

第三次世界大戦においては、極東がその戦場となる。この時にあたって、米国は武力なき日本をいかにするのであろうか。米国はこの武力なき日本を守るの策をたてなければならぬ。これは当然の、米国の責任である。日本を属領と考えるのであったならば、また何をかいわんや。そうでなしとすれば、米国に何らかの考えがなければならぬ。(花山師注=日本の武装を暗示されたのであろうか)

米国は、日本八千万国民の生きてゆける道を考えてくれねばならない。およそ生物としては、生きんことを欲するのは当然である。産児制限のごときは神意に反するもので、行なうべきではない。

(新たなる戦犯逮捕をやめよ)　なお言いたきことは、最近に至るまで戦犯容疑者の逮捕をなしつつある。今や戦後三年を経ておるのではないか。新たに戦犯を逮捕するというごときは、即時にやめるべきである。米国としては、日本国民が正業につくことを願い、その気持ちでやって行かなければならぬ。戦犯の逮捕は、我々の処刑をもって、一段落として放棄すべきである。

(靖国神社へ合祀など)　戦死傷者、抑留者、戦災者の霊は、遺族の申し出あらば、これを靖国神社に合祀せられたし。出征地にある戦死者の墓には、保護を与えられたし。従って遺族の申し出あらば、これを内地へ返還せられたし。戦犯者の家族には、保護を十分に与えられたし。

(青少年の保護)　青少年の保護ということは、大事なことである。近時いかがわしき風潮は、占領軍の影響からきているものが少なくない。この点については、わが国古来の美風をも十分考慮にいれられたし。

（敵味方を含めた一大追悼会）　今回の処刑を機として敵、味方、中立国の罹災者の一大追悼会を発起せられたし。もちろん、日本軍人の間に間違いを犯した者はあろう。これらについては衷心、謝罪する。これと同時に、無差別爆撃や原子爆弾の投下をなしたことについて、米国側も大いに考えなければならぬ。従って、さようなことをしたことについては、米国側も大いに悔悟すべきである。

（統帥権独立は過ち）　最後に軍事的問題について一言するが、我が国従来の統帥権独立の思想は確かに間違っている。あれでは陸海軍一本の行動はとれない。兵役については、徴兵制によるか、傭兵制によるか考えなければならぬ。我が国民性を考えて、再建の際に考慮すべし。

教育は精神教育を大いにとらなければならぬ。忠君愛国を基礎としなければならぬが、責任感をゆるがせにしてはならぬ。この点については、大いに米国に学ぶべきである。学校教育は、人としての完成を図る教育である。従前の醇朴剛健のみでは足らぬ。宗教の観念を教えなければならぬ。欧米の風俗を知らせる必要もある。俘虜のことについても研究して、国際間の俘虜の観念を徹底せしめる必要がある。

前に述べたごとく、以上が昭和二十三年十二月二十二日夜、死刑執行数時間前に、花山師の前で東条が朗読した遺言の摘要である。

あの時以来十九年の月日がたった。この遺言書の原本は、私からも、ブルーエット君からも、再三にわたりGHQへも米陸軍省へも交渉したが、今に至るまで返ってこない。この摘要を精読すると、米側が返さぬわけも想像できぬでもない。しかし今日では、昔ばなしとなったのである。それでも底に流れるものは、われわれの役に立つ。

遺骨と戒名

殉国七士の碑

さきに菅原裕君の文章をかりて、裁判言い渡しの時の光景や、被告の心境を描写した。その終わりのところに、東条被告は目的通り自分が元兇となり、死刑の判決を得たのは満足だ、この上は早く執行してもらいたいと希望していたことがのべられている。しかし彼の希望にもかかわらず、他の被告のうちにはアメリカの最高裁判所へ人身保護令（ヘビアス・コルパス）に基づく上訴をなした者があったため、この問題が解決するまで判決の執行は停止された。この米国最高裁判所の決定は十二月二十一日にきまり、その翌二十二日にマッカーサーは

「極東国際軍事裁判所によって死刑を宣告された戦争犯罪人は、十二月二十三日木曜日早朝、巣鴨刑務所において刑の執行を受ける」

と決定した。裁判所の判決による刑の執行が実際に行なわれたことを証明するために、それが各連合国の代表者の立ち会いの下に行なわれるのである。

この瞬間から、一番忙しくなったのは教誨師の花山信勝師である。同師はそれより土肥原、

広田、板垣、木村、松井、武藤、東条の順序で最後の面会をなし、最後の安心の語を送り、なお家族等にことづけがあらば告げられたしとの申し出をなした。

前章で書いておいた東条遺言は、もしかすればこの遺書は当局が差し押えるかと察し、東条氏がゆっくり読まれるのを花山師の摘記したものに基づくのである。このことはすでにしるした。これらを終わって七人は四人組、三人組の二組に分けられ、一階の仏間で今生のわかれを告げ、刑場にいった。

巣鴨刑務所内において行なわれた執行の光景は、シーボルト氏の『日本占領外交の回想』の訳文一四八ページ以下に、詳しく記述せられている。

これを露骨に報道することは日本人の趣味に合わない。死体は粗末な木製の棺に入れて運び出され、横浜市西区久保山の火葬場に着き、ここでその日のうちに火葬に付せられた。遺骨は遺族より引き取りの請求があったが、占領軍はその時はこれを許さなかった。あるいは国民の一部が被告らを英雄扱いして葬儀をなし、墓碑を建てたりするのをきらったのであろう。前記シーボルトの本には、「死刑になった指導者たちの墓が、将来神聖視されることのないように遺灰はまき散らすことになっていた」と明記されている。

シーボルトはマッカーサー陣営内の重要地位にあり、ことに対日理事会の委員として死刑執行にも立ち会った人であるから、この記事は間違いなかろう。すなわち、遺灰は、ドイツ戦犯のゲーリングの場合のごとく、飛行機で空中にまきちらすようになっていたということは本当であろうが、爾来、実際にこれをまいたということは聞かない。

それのみならず、昭和三十年四月二十二日に、進駐軍よりの命だというので、厚生省引揚援護局市ヶ谷庁舎で、戦犯者の遺骨であると称して白木の箱にはいったものを渡された。広田氏の遺族だけは受け取りを拒まれたが、他の諸遺族は皆、これを受け取った。この式には私も立ち会った。

遺骨についてはこの外に一つの物語りがある。今となっては公表しても差しつかえなかろう。

弁護士三文字正平君は東京弁護士会でも有名、かつ有能な法律家である。東京裁判では小磯国昭被告を担当された。同君の自宅は当時横浜市保土ヶ谷区月見台にあった。ここは戦犯を火葬に付した場所とは遠くない。三文字君は遺骨が空中に撒布されたりしてはたまらない、これを一つ盗みだしてやろうと決心した。

遺骨は火葬直後、久保山火葬場の片すみの穴にあることを知り、処刑の翌日、すなわち昭和二十三年十二月二十四日午後一時から二十七日までの間、数人の人を使って深い穴の底から、進駐軍がすでに処理した残りの中よりこっそり約一升ほどの遺骨を掘り出し、火葬場の隣にある興禅寺（住職、市川伊雄師）に託した。このことは火葬場長（飛田とかいう）も知っていたらしいが、黙認してくれたものらしい。

いずれにしても三文字君は大胆なことをやったものである。その後この遺骨は発見せられることを恐れ、興亜観音に隠された。それから日本も独立を回復し、遺骨を盗み出してより十年余りもたった後である昭和三十四年に、松井大将の郷里である愛知県幡豆郡幡豆町の町長さんの好意により、同町南岸三河湾公園内に一地区を得て、ここに永遠に埋葬した。

これには三文字正平君のほか、今は故人となった林逸郎君らが大いに尽力してくれたのである。その碑には戦犯人で当時すでに釈放となっていた荒木貞夫元大将が、例の特徴ある筆致で、「殉国七士之碑」と大書した。除幕式には東条、木村両未亡人のほか三百余人の来会者があった。

このほか長野県更科の畑中にも戦犯遺骨を葬った墓がある。これは飛田火葬場長の話では、三文字君の発掘した穴のなお底にあった灰を掘り、持ち帰られたものらしいという。ただしこのことは伝聞であるから信否保証はできない。

光寿無量院

昭和二十三年十一月十二日の東京裁判の判決で死刑の書い渡しを受けた七名は、その日から、刑の執行のあった十二月二十三日までの間に教誨師花山信勝博士の法話を聞いたり、仏教の諸著述を与えられたり、直接面談しての指導を受けたりして、短期間ではあったが、仏教の教義を体得することにつとめた。

七名のうち、広田氏を除く六名は花山師より法号（または戒名）の選定をしてもらい、喜んでこれを受諾した。広田氏はこれより少し先に死亡せられた夫人の、戒名と同時に、これと併唱せられる戒名を持っておられたがためこの人々と別にされた。六名の戒名はいずれも上に「光寿無量院」という「院号」をつけ、その下に「釈」の一字を入れ、さらにその下に俗名を加えるのである。そして俗名は生前発音していた通りに発音するのである。たとえば東条氏は光寿無量院釈英機《ひでき》、木村氏は光寿無量院釈兵太郎《ひょうたろう》、武藤氏は光寿無量院釈章《あきら》というようになる。

十二月二十三日、玉川用賀の東条邸で家族友人のみの葬儀を行なったとき、右の花山師が来会者に説明せられたこの戒名の意味は、次の通りであった（私はこれをノートしておいた）。「光」という字はヒカリという字であるが、これは「智慧」のことである。「寿」の字は「命」を意味する。人間の欲求の最後のものは「永遠の命」である。これはいずれの宗教も究極はそこへ来る。しかもこの「永遠の命」は光すなわち智慧をもって満たされている。この院号の上の方は「光無量」「寿無量」を組み合わせたものである。

なお付言するならば、「無量」というのはサンスクリットでは「阿弥陀」である。a（否定語）mita（はかる、量）＝amitaである。本来のサンスクリットではそのあとにbhā（光）ayus（命）をつける。すなわちインドでアミタ・バア・アーユスで光寿無量ということになる。

右光寿無量院という法号は仏教の何派ということなく、キリスト教、神道の区別なく仏教が日本に伝来してから、千三百年間かつて用いられたことのない法号である趣である。またそれぞれの個性をもって生涯を過ごしたことを現わすため、生前の俗名そのままをさらにその下に加えた、との説であった。

武藤章氏は獄内でこれと同じ説明をきき、この法号をもらったことを非常に喜んで、死刑執行の当日、次の歌を残した。

いただきし我が法号のいみじくも称ふるほどにうるはしきかな
現世のひとやのなかのやみにゐてかの世の光ほのに見るかな

東条氏については、かつて戒名が改名と誤訳されて問題を起こしたことを記載したことがある。くわしくいえばこうである。東条被告の母の兄の子に当たる人が、小倉市の万徳寺という寺の住職をしている。名は徳永哲雄さんで、この人が、生前、死んだつもりで戒名をつけてやろうと言った。それは「英照院釈慈光明朗居士」というのであった。今回これをお断わりして、花山師の選んだ光寿無量院釈英機に決定せられた。
東条氏の多くの歌で辞世とも見るべきものは次の通りである。

我れゆくもまたこの土地にかへり来ん国に酬ゆることの足らねば
はてしなくすめるみ空にわれを呼ぶみ声を尊く仰ぎてぞきく
さらばなり苔の下にてわれ待たん大和島根に花薫るとき
幽明の境を越えて安かれとともに祈らむ心のどかに

松井石根大将は、すましきった心持ちをつづられた。

朝暮、念ズ二心経ヲ一
幽牢也《また》法灯
明光天地ヲ蓋フ
虚空ニ可シ二往生ス一

土肥原賢二氏の歌も多くあるがその内二首。

一筋のうらみもなどかあらめやも仏にすがり永遠に逝く身は
有無の念いまは全くあとたちて今日このころの秋晴の如し

板垣征四郎さんの歌

とこしへにわがくに護る神々の御あとしたひてわれは逝くなり

木村兵太郎大将自身の歌は見当たらないが、同大将夫人の歌がみつかった。

礎はいよいよ固く鎮まりて建ち行く国を護りませ君
ちりますと聞けば恨めし桜花人目ひきたる春もありしを

ある人が広田氏に言い残すことありやと聞いたら、同氏は、

「それは市ヶ谷で申し上げました。すべては無に帰して、いうべきことはいって、つとめは果たすという意味で自分は来た。自然に生きて、自然に死ぬ」

と答えた。宗旨は禅宗であられた。

裁判より得たる教訓

原水爆の抑止力

大東亜戦争はアメリカによる世界はじめての原子爆弾の使用と、ソ連による背任戦略により終止符を打たれた。

原子爆弾というものは、実に不思議なものである。この爆弾は未曾有の凶器であると同時に、この爆弾自身、戦争抑止の魔力を持っているのである。一九六二年（昭和三十七年）七月に、ソ連がキューバに原爆用ミサイル基地を築造せんとしつつあることを察知した米国大統領ケネディは、キューバ近海に多数の軍艦を配置し、かつ同月二十二日、全米に以上の事実を放送した。そのうちに、ソ連政府に対する言葉として、

「ソ連政府自身の約束に立ち帰って、キューバから、これらの兵器（原爆および原爆用ミサイル）を撤去することにより（中略）、世界を破壊の深淵から救いだす絶好の機会を与えられているのである」

と結んだ。また同月二十七日フルシチョフに対し、同趣旨の書簡を送った。

当時のソ連の実権者は外ならぬフルシチョフであった。フルシチョフの行き方は世間の知

る通りである。強気一辺倒である。米側が一つ言葉を発すれば、三つくらいの言葉で反撃する。米側が三つ行なえば四つくらいは行動を起こす。通常のことがらなれば、ケネディの申し出などに耳を傾けるなどということは想像もされない。しかるに、この時だけは意外にも、従来と相違した態度に出た。同年同月二十八日にケネディ大統領に書面を送り、そのなかで

「あなたが攻撃的と称している兵器が、実際に恐るべき兵器であるということに関連して、あなたが、不安に感じられ、アメリカ合衆国の諸国民が不安に感じたことについては、私は深い理解をもっている。（中略）ソ連政府は、兵器配置用建設場における引き続いての作業を停止するようとの前に与えた指令に追加して、あなたが攻撃的と称している装備を解体し、その包装をソ連に送還する新たなる指令を与えた」

と表明し、本当に原水爆が用いられるとの形勢が見えたら、さすがのフルシチョフも一歩退いた。原水爆は実に戦争開始を抑止する性能をも持っていたのである。

原爆がかかる性能を持っていることは一九五五年七月九日、アインシュタイン教授外十名のノーベル賞受賞の科学者が、ロンドンにおいて発表した共同宣言に明言されている。わが国からは湯川秀樹博士が参加されている。

「たとえ水素爆弾を使用しないというどんな協定を平時に結ばれたとしても、戦時には、そんな協定にはもはや拘束されるとは考えられず、戦争が起こるや否や、双方とも水素爆弾の製造にとりかかるであろう。なぜなら、もし一方がそれを製造して、他方が製造しないとすれば、それを製造した側は必ず勝利するにちがいないからである」

といい、各国政府と国民に次のごとき決議を出した。

決　議

「およそ将来における世界戦争においては、必ず核兵器が使用されるであろうし、そしてそのような兵器が人類の存続をおびやかしているという事実から見て、私たちは世界の諸政府に彼らの目的が世界戦争によっては促進されないことを自覚し、このことを公然と認めるよう勧告する。従ってまた、私たちは、彼らの間のあらゆる紛争問題の解決のための平和的な手段を見いだすよう勧告する」

この平和手段は世界法の発見であり、この法による問題の解決を目的として活動するのは「世界連邦」創立の運動に外ならない。この目的のための運動は「世界連邦世界協会」(略してWAWFという)と名づけ、隔年一回、世界各国のいずれかの都市で大会を開いている。一九六三年(昭和三十八年)八月には、東京にて大会を開いた。英国からは、元首相アトリー氏も出席せられた。

この世界連邦東京会議の宣言の劈頭には「人類は今や、世界法か、世界戦争かの、二者択一を迫られている」と喝破した。これは原水爆の戦争抑止力を認めたものである。

私は新聞でおもしろい話を読んだ。それはこうである。英国で有名な平和主義哲学者バートランド・ラッセル卿の発起で、一九六七年三月ごろ、ベトナム戦争に関する「戦争裁判」

を開く企てがある。オーストリアの作家グュンスター・アンデレスや、イタリアの国際法学者レリオ・パッソ、フランスの哲学者シモーンヌ・ド・ボーボワール等、著名人も参加するということで、たいへんな評判を呼んでいる。このことで日本社会党の代議士帆足計君が発起人のラッセル卿をポートマドック港の山荘に訪うた。話は日本国民の原爆体験のことに及んだが、ラッセル卿は

「自分は原爆と人工衛星の現代史を一面、大局的には人類の平和のあけぼのとも考えるが」

といわれたということである。原爆が人工衛星とともに平和のあけぼのとなるとは、原爆のもつ戦争抑止力をいわれたのではあるまいか。

中国政府は昭和三十九年と四十年と二回にわたり原爆を実験したが、そのたびごとに、「われわれは他国が原爆を用いざる以上、自ら先にこれを使用することはない」と声明した。本物語り執筆最中の昭和四十一年十月二十七日にも、中国は誘導ミサイル核実験に成功したと発表したが、このたびも「中国は、いかなるとき、いかなる状況においても先に核兵器を使用することはない」とくり返した。

これも原爆使用は必ず報復を呼び、大量破壊の事態を発生することの抑止力がかく言わしめたのである。

人間性の変換

人間はなぜ戦争を好むのか。ある人はこれをこんなふうに説く。

本来、微生物や、下等動物から、だんだん生存競争に勝ちつづけて人間までになった。人間となってからも、他の種族との間に不断の競争をする。社会主義者にいわせると、継続的に階級闘争をくり返す。この間に、闘争とか戦争とかということが本能に近い習性となって、人間の骨髄にこびりついた。子供のあそびでも戦争ごっこが一番好きになる。原始的人間性の再演かもしれないと。

第一次欧州戦争のとき、名を忘れたが、ドイツの生物学者が、昆虫や蛾の類が夏季に誘蛾灯に集まって、そこで焼き殺されるのは、こんなわけだと説明した。

本来、昆虫は幼虫からサナギとなり、昆虫に変化するのである。幼虫、サナギの時代は光線を必要としないのであるが、それが孵化して蛾となったときに目ができ、羽をそなえるにいたる。この場合光を見ることができる。こんなものができたのは、昔の昔、大昔のことであるから、光といえば太陽の光線の外にはなかった。太陽の光に向かって飛べばおのずから温暖であり、適当の食物も得られる。ゆえに光に向かって飛ぶということは昆虫や蛾の自己保存、種族発展に最適なことであった。しかるに、ここに原始人がついに火を発明し、現代人はさらに電灯まで発明した。昔のままの本能を維持するより外のことを知らぬ昆虫や蛾は、往古の太陽の光と同じように輝く火なり、電灯に集まり焼け死ぬのである。

人間が戦争の声を耳にすれば、きそって敵に向かう心をふるい起こすのは、このあわれな夏の虫が、灯火なり誘蛾電灯で焼け死ぬのと同一原理によるものだと生物学者は説いた。カイゼル・ウィルヘルムはこんなことを説かれてはわが軍の士気にかかわるとて、直ちに学者を逮捕し、投獄した。

第一次欧州戦争の時にも、近代武器は相当に発達していた。タンクも用いられ、潜水艦（Uボート）も用いられた。人間が槍と盾との巧妙な使用で戦った時代は過ぎ去っていた。だから上記の生物学者の説も出るようになった。

今日はどうであるか。これを使えば人類のみならず一切の生物までもが絶滅するであろうという武器が現われ、その威力は年々発達しつつある。この時代に、人間界につきまとう好戦感覚を捨て得ないというならば、その愚はあわれまざるを得ぬ。前に引用した昆虫や蛾が光に集まる習性を捨て得ず、灯火や電灯に集まり焼失し去るという理由は、生物学上の真理か否かは私は知らないが、核兵器時代が来ているのに、戦争を捨て得ざる人間性をあざける譬喩《ひゆ》としては痛快な譬喩である。

東京裁判のような復讐劇を興行して、永遠の平和がころげ込むものではない。永久平和はそんな安っぽいものではない。一九五五年にアインシュタイン博士その他が指摘したように、たとえ原爆禁止条約ができたとしても、原爆技術が人間に知られた以上は、窮極の場合にはこれが使用せられる危険がある。しからば、いったいどうすれば助かることができるのか。

結局、人類の助かる道はただ一つ、「人間性の変換」を図るの外はない。人間性の内、戦争傾向を取り除くことである。人間界において、ことに各国家において戦争を否定する。これを憲法や、法律に掲げるような形式いっぺんなことではなく、人間心の内より戦争を否認するよう教化、訓育し、それを辛抱づよく継続することである。これを数世代、数十世代継続すれば、ついには好戦感覚が消えてゆく。これは不可能のことではなかろう。また不可能であってはならない。

これまでの宗教（儒教を含めて）も戦争排斥の教義をいれている。しかし、従来は、今日ほど戦争の人類に対する恐怖が圧迫的でなかったから、この教義がそれだけ効果を奏していない。それでもいくぶん人間本来の野性を除く効果はあった。もし焦点を戦争否認に絞って、各国一致して、数代、数十代にわたって辛抱づよくこれをやれば、人間性の変換は不可能ではなかろう。

冒頭陳述

私が多数被告を代表してなした冒頭陳述は、一方、連合国の言論機関からは非常なる批判を受けた。他方、わが国内では激烈なる賛成の声が上がった。このことは本書本文にも述べた。

しかるにその正文が世間に出ておらぬから、これを見たいとの希望が多いので、ここにその全文を本書の付録とすることにした。頭書の見出しと、文中の傍点ならびに「注」は今回記入したものである。なお文中の漢字、仮名づかいは現在使われているものに改め、またルビをも付した。（著者記）

裁判長閣下並びに裁判官各位

呼びかけ

起訴状記載の公訴事実並びにこれを支持するために提出せられたる諸証拠に対し、被告より防禦方法を提出するの時期に到達いたしました。裁判所におかれては、過去数か月の間、周到なる注意をもって検察側の主張を聴取せられました。裁判所は、その懐抱せらるるところの衡平と正義に合する訴訟手続きという概念の限界内において、被告をして、この訴訟の歴史的重要性にふさわしき態度をもって、その主張を陳弁することを得せしめられることは非常にありがたく存じます。

いうまでもなく、被告は今後の訴訟行為を、ご判断を受くべき争点に限局して、能う限り迅速に事件を進行せしめようと考えております。ただ、われわれがなさねばならぬ事柄は重大でかつ新奇なる意義を含むものでありますがため、万一われわれが思わず自ら定めた標準を超え、また裁判所ご裁定の法則にはずるる場合があろうともご寛恕《かんじょ》あらんことをあらかじめ要請しておきます。

共通事項を五部に整理す

昨年の五月六日、当裁判所の法廷において大川以外の各被告人はすべて起訴事実に対し、いっせいに「無罪」とお答えをいたしております。被告らは右すべての公訴事実を否定するための反証をあげるでありましょう。

起訴に係る事実は五十五の訴因に分かれております。もっともその多くは、同一の基礎の事実を他の角度から見て別個の訴因として表現したものであります。これらの訴因中のあるものは被告の全部に関係し、他のものは一部に関係しております。この場合、被告の一人一人が個々別々に右等多数の訴因につき反証を提出いたしまするときは、非常なる重複と混乱を生じまするがために、被告ら及び弁護人らは共通事項についてはできうる限り共通に証拠をあげることに協定いたしました。この協定の結果、共通事項として次の段階に区分して、証拠が提出せられるでありましょう。

第一部は一般問題
第二部は満州及び満州国に関する事項
第三部は中華民国に関する事項
第四部はソビエト連邦に関する事項
第五部は太平洋戦争に関する事項

であります。

これらの各事項に関する証拠提出を終わりました後に、各被告人はその立場によって個人的に関係ある事実を立証するのであります。被告中ある者の間にはその利益、見解及び行動において相反するものもありますから、相反する証拠を提出することもありうるのであります。かくて各被告の立場によって前示第一部ないし第五部に現われたる事実並びに証拠につき除外例を求め、また個人固有の立場として、追加の証拠を提出することもあります。この段階を便宜上第六部「個人ケーセスまたは個人弁護」と称することができます。

第一部

一般問題

以下しばらく第一部門において取り扱わるべき事実のうち、おもなものを表示して、これが立証方針を説明いたします。無論ここに陳述いたしますことは、この部門で取り扱うことが、これで尽きるという意味ではございませぬ。第二部門以下で陳述することについても同様であります。

一九二八年以来の軍事措置は犯罪に非ず

検察官は日本政府が、一九二八年すなわち昭和三年より、一九四五年すなわち昭和二十年の間に、日本政府の採用した軍事措置が、国際公法から見てそれ自体犯罪行為であるとしておられます。検察官は日本の政策が犯罪であると論ずるのみならず、もし国家が侵略的戦争または条約違反の戦争を起こした場合に、たまたまその局に当たり、戦争遂行の決定に参加した個人は犯罪者としての責任を免れぬというのであります。言い換えますれば、本件においては被告を含む日本国家が、検察官の指摘する十七か年の全期間にわたって国際法的の犯罪を続行していたということが、検察側の根本の主張であるのであります。

機関を構えた個人に責任なし

被告はまずこれを極力否定するものであります。また弁護人のほうでは、主権ある国家が、主権の作用としてなした行為に関して、ある者が当時国家の機関たりしとのゆえをもって個人的に責任を負うというがごときは、国際法の原理としては、一九二八年においては無論のこと、その後においても成立していなかったことを上申するものであります。

この前例とてもなき本件において、日本国が一九二八年以来とりきたった防衛措置、陸海軍の準備的措置が侵略の性質を帯びたりや否やということが重大な問題であります。

準備措置は他国のそれを眼中におきて作成せらる

各国の準備的措置は、必ずや常に他の国の行動を眼中におきまして作成せられるものであることは、特にここに申し上ぐる必要もなきほどに原則的な事柄であります。この重要事を念頭におかずして、準備的措置に不正の目的があったか否かを判定することはできませぬ。一国が常備軍を倍加したということだけを聞きまするとその国は侵略者なるがごとく攻撃せられるかも知れませぬが、その後に至り、その隣邦が常備軍を三倍にいたしていたという事実が明白になりますれば、前者の行為は道理もあり、もっともなことであると考えられます。このことはありうべきことでもあり、また歴史上、現に発生したことでもあります。

本件においては日本陸海軍の防備行動が裁かれるのでありまして、外国、わけても本件に原告となっている一部の国家のそれは審判の対象でないことは、弁護人はよく理解しております。しかしながら、日本のとりたる施策及び措置の性質を決定する必要の限度においては、他国の同一行動を簡単に証明することは許されるであろうと予期いたしております。

日本人のいだきし三希望

さらに起訴にかかる期間中の日本の対内、対外政策の本質を正当に理解していただくために、必要な三つの重大事項について本劈頭《へきとう》陳述において略述せねばなりませぬ。この三点というのは、独立主権の確保、人種的差別の廃止、並びに外交の原理、この三つであります。それは単にこの間の特定の内閣（それはずいぶん多数でありましたが）が立てた方針でもなく、また特定の党派の主張でもありませぬ。それは一八五三年（注・嘉永六年）日本が外国と交際して以来、全国民に普遍的にいだかれていた国民的、永続的かつ確固たる熱望であります。言論、教育、信教の自由と同じ重要性を有しているものであります。

第一、独立主権の確保

この国民的特徴の第一は、日本国民はこの国家を完全なる独立国家として保持して行きたいという熾烈なる念願であります。ペルリ提督と徳川将軍との間に結ばれましたかの安政条約は、一方においては治外法権を認めて国家主権を傷害し、他方においては関税自主権を侵犯いたしました。それゆえにこれは深刻なる国民の苦悩でありました。

明治時代を通じて、日本の有力指導者の念願は、この国の地位を向上進展せしめて完全なる独立自主の国家たらしむるにあったのであります。この理想は前大戦の後にウィルソン大統領によって唱導せられました主義とも相合するものでありますから、その正当性については容易に当法廷のご承認を受け得ると思っております。

弁護人のほうでは、この考えが国民の間の普通の念願であり、待望であったことを証明しようと期しております。

第二、人種差別廃止

その二は人種差別廃止の主張であります。いったい差別待遇はこれをなすものよりも受けるもののほうに非常に強く響くものであります。差別待遇の廃止をなしとぐるためにはこちらのほうで修養教養の水準を高めねばなりませぬ。日本朝野はこのことの必要性につき盲目であったのではありませぬ。道徳や慣習に改むべきものがあったならば、快くこれを改める必要を認め、かつその改革を実行いたしております。ただ世界の文化は唯一でなく、民族と人種の数に応じて多数であります。各民族はおのおのその歴史と伝統を持っております。したがってここに文化は発生し、かつ進化するのであります。

東亜には東亜固有の文化がありますから、これを保持し、醇化し東洋人全体の地位をいずれの点においても世界の他の人種、国民と平等な水準にまで向上確保して、もって人類の進歩発展に貢献したいというのが日本人の念願でありました。人種平等の理想はただ日本人だけを欧米人と同一の地位に達せしめましても、その目的は達しませぬ。差別の完全撤廃のためには事の性質上、東亜全域の同胞の地位を高揚しなければなりませぬ。

ある少数の著者は、この理想の実現に誇張の言を用いた場合もあります。しかし、かかることは例外でありまして、日本人は東亜諸民族と共に欧米人と対等の地位に進まなければならぬということは、国民の間における普遍的の念願でありました。このこともまた日本人が人種的優越感をいだきたりとの意味の、検察側主張の誤りなることを明らかにするために立証することを期しているのであります。われわれは中国革命の父孫逸仙博士、インドその他の地方の先覚者に対しても、これに対して共鳴の思想を表示された事実をもあわせて明らかにするでありましょう。

もし右に関する真意が正しく了解せらるれば、他の人民や他の国家との間に反目は必ず消失したはずでありました。

第三、外交の要義

第三の事柄は日本で「外交の要義」と名づけていたものであります。明治時代このかた、わが官民の間に外国との関係において普遍的に存在した理想は東洋の平和を維持し、これによって世界の康寧に寄与するということであります。これは公文書やご詔勅では日本国交の要義と書かれております。この意味は日本の外交を指導する根本的理念ということであります。一八九四年から五年への清国との戦争、一九〇四年、五年の日露戦争も、それがために戦われたのであります。

このことは、おのおの開戦の詔勅にも明記せられております。当年の東亜の情勢から見ますれば、日本は欧米の文明をさきに導入して、完全なる近代国家としての資格を備えた唯一の国家でありました。中国は地大物博の国ではありまするが、当時は各国の勢力範囲に分割せらるる危険に瀕しておりました。南方諸地域はすでに西洋各国の支配下に立つに至っております。

かかる状況の下において日本人は心からわが国がいわゆる安定勢力たるの使命をもつものと考えたのであります。これは被告らのみによって考えられたものではありませぬ。それより二世代も前からの日本国民の基礎的主張であります。この原則は世界の大国によって承認せられているものと了解しております。なんとなれば日英同盟はこれを承認して結ばれ、また更新されたものであることが立証されます。この使命遂行のために戦われた日露戦争には、米国の朝野をあげて好意を寄せられたことは、今日に至るもわれわれ日本人の忘れざるところであります。右の東亜安定の主張は、決して侵略的のものではありませぬ。

一方においては東亜における政治的、経済的の混乱を防止し、他方においてはアジア種族の共通的発達を助け、これによって窮極的には世界人類の進歩発展に寄与するのであります。以上の観念に照らすことによってのみ、日本と隣邦との関係が理解し得らるるのであります。

中国の自存と発展

日本の朝野は隣邦中国の自存と発展に対しては、格別の同情を寄せてまいりました。このことは、明治以来のたびたびの公私の文書にもよく表現せられております。当時中国とわが国との関係を表示するため、譬喩《ひゆ》として用いられました「唇歯輔車《しんしほしゃ》」という格言がありますが、これは唇が亡びれば歯は自ら寒きを感ずる、車の両輪は相互に輔《たす》け合うという意味であります。さらに「同文同種」というのは両国が同じ文字を用い、同じ儒教の道徳を尊重する同じ人種の国であることを表わす格言であります。

一九〇〇年代の初めごろから、わが国は多数の中国留学生を招きました。蔣主席もその中の一人であられました。一九一一年すなわち辛亥の中国革命以来、わが国朝野は孫文先生の志業に非常に好意を寄せました。わが参謀本部並びに軍令部では、年次作戦計画というものを作っていたことは検事ご指摘の通りでありますが、ただ中国に対してはかくのごとき全面的な仮定的作戦計画さえも立てたことはありませぬ。以上の事柄の立証は起訴状に記載せられある数個の主張並びに記録中の証拠を否定するために、ご判断の助けとなり得ることと思います。

独伊との理念願望の相違

起訴状訴因第五においては付属書Aの全体及び付属書のB、C条約及び保障を引用しまして、被告らは指導者、組織者、教唆者または共犯者としてドイツ及びイタリアと相結んで全世界を支配する陰謀、コンスピラシーをなし、また実行したと糾弾しております。これより大きな誤解は世の中にはありませぬ。日本と独伊との関係については防共協定、三国同盟を取り扱う段階においてわれわれの同僚よりわれわれの主張を開陳するでありましょう。私はここに一方において日本と他方において独伊と、この間の理念及び願望の差異について一般的事項を取り扱おうとするものであります。

八紘一宇

前記の誤解は、多分に日独伊三国同盟の前文並びにその締結のときに渙発《かんぱつ》せられました詔書の中に「八紘一宇」の文句を使っているその解釈に基づくものと考えます。わが国の公文書においては好んで荘重な古典的の辞句が引用されるのが慣例であります。これは文章に重みをつける効力はありますが、それがためわが国人自体においても十分了解せられざる場合も生ずるのであります。いわんや言語を異にし、理念を同じくせざる外国の人々にはなおさらのことであります。

三国同盟締結の際、渙発せられた詔書はさらに「八紘一宇」の文字を分解——パラフレイズ——しまして「大義を八紘に宣揚し、坤輿《こんよ》を一宇たらしむるは実に皇祖皇宗の大訓にして、朕《ちん》が夙《しゆく》夜《や》拳拳《けんけん》措かざる所なり」と仰せられております。ここに「大義」というのは普遍的の真理という意味であります。宣揚すというのは世界に明らかにし表現するということであります。「坤輿を一宇たらしむ」というのは、全世界人類が一家族中の兄弟姉妹と同一の心持ちをもって、交際するという意味でございます。前に述べました通り、わが国の文化は欧米諸国のそれとは源流を異にしますから、その表現の方法は必然的に違っており、また奇異にさえ感ぜられるものでありましょう。

一九四一年、ハル長官と野村大使との間の交渉の基礎となった日米了解案には、「八紘一宇」は世界同胞主義ユニバーサル・ブラザフッドという翻訳がされております。三国同盟条約の前文も、この正しき意味において解釈すべきであります。この条約締結の際、独伊においていかなる考えをもっていたにしても、わが国の当事者において独伊と共同して世界を征服するなどという考えはなかったのであります。さらに具体的に証明せられるでありましょう。

東亜新秩序または大東亜共栄圏

同条約第二条には、独伊は日本国の大東亜における新秩序建設に関して、指導的地位を認め、これを尊重するという文字があります。「東亜新秩序」または「大東亜共栄圏」という文字くらい、大きな誤解の種をまいた字句はその外に類例はありませぬ。検察官は新秩序は民主政治並びにその基礎たる自由、人格尊重を破壊する思想であるとまで極言せられました。これは日本の思想と他の国における思想とを混同せられたものではなかろうかと思います。少なくとも日本の思想と他国のそれとを連想せられたための誤解でなかろうか。しかしここではただ、当年わが国において用いられた、右の特殊な日本的な字句の含蓄並びにそれに関する日本的な思想のみが必要なのであります。

「東亜新秩序」という文字が公式に用いられたのは一九三八年（昭和十三年）十一月三日、同年の十二月二十二日、この両回の近衛声明であります。この声明に現われた「東亜新秩序」の意味は書面自体が自らを証明しております。すなわち善隣友好、共同防共、経済提携、この理想の下に日満支三国が相携えて進むということであります。また第三国との関係については、この声明は「日支経済関係について日本はなんら支那において経済的独占を行なわんとするものにあらず」といっているのであります。すなわち機会均等の原則を排斥してはおりませぬ。ただ検事もご主張に相成る通り、この当時は中日両国間には百万以上の兵を動かした大戦闘の行なわれている最中であることを記憶せねばなりませぬ。

この大争闘の間においては、当事国の国民のみならず、日本により植民地化されていた人々も自ら各種の制限をこうむることは免れませぬ。この点に関して、一九三九年（昭和十四年）七月に有田外務大臣とクレーギー英国大使との共同声明を証拠として提出いたします。右共同声明の一部においては「イギリス政府は大規模の戦闘行為進行中なる支那における現実の事実を完全に承認し、またかかる事態の存続する限り、支那における日本軍が自己の安全を確保し、その勢力下に在る地域における治安を維持するために、特殊の要求を有することを承認す」とあるのであります。

皇道

新秩序思想の内包的の意義は「皇道」であります。皇道はときどきインピリヤル・ウェイとも翻訳せられております。この皇道の本旨は仁愛、公正、及び道徳的勇気であります。それはさらに礼儀と廉恥を重んずるのであります。各人をしておのおの本分を完うし本務を完遂することを得せしめるを理想といたしております。またこれは治者と被治者が一心となることを予期しております。国務は全国民の真実なる翼賛により行なわるることを期しております。これはそれゆえに軍国主義または専制主義の正反対であります。これを他国の国語に表現することは非常に困難であります。しかし、人間の尊重ということについては、皇道とデモクラシーと、二つの思想の間に本質的な差異はありませぬ。

裁判所の法廷においてかくのごとき無形の事柄を立証することは異常のことではありますが、本件においてはこれを実行しなければなりませぬ。かつて被告人の一人が帝国議会においてわが皇道と独伊の全体主義との相違を声明したことがありますから、これを証拠として提出いたします。

ドイツの人種的優越感

わが国にはドイツにおけるがごとき人種的優越感情は存在いたしませぬ。むしろこれとは反対にわが民族は常に自らいまだ及ばざることを認めて、東亜の同胞と共に世界の水準にまで到達せんとの念願に燃えているのであります。新秩序は各国の独立を尊重するのでありますから、決して世界侵略というがごとき思想を含んでおりませぬ。また個人の自由を制限するがごとき思想でもありませぬ。指導という用語は同等の者の先導者または案内者としてのイニシアチブをとるというの意味にほかなりませぬ。かくのごとき国民的根本思想は、一の条約または数個の条約の文字の用法の巧拙等によりて変化するものでは決してありませぬ。その後満州国、中国のみならずその他の東亜の諸国をも包含する「大東亜新秩序」「大東亜共栄圏」という文字が用いられるようになりましたが、根本の考えは右と同一であります。一九四三年（昭和十八年）十一月、東京において開かれました大東亜会議における共同宣言中の綱領五か条、これが大東亜新秩序の本旨を簡潔に表明しております。曰《いわ》く

一、大東亜各国は協同して大東亜の安全を確保し、道義に基く共存共栄の秩序を建設す

二、大東亜各国は相互に自主独立を尊重し、互助敦睦《とんぼく》の実を挙げ、大東亜の親和を確立す

三、大東亜各国は相互に伝統を尊重し、各民族の創造性を伸暢し、大東亜の文化を昂揚す

四、大東亜各国は互恵の下、緊密に提携し、その経済の発展を図り、大東亜の繁栄を増進す

五、大東亜各国は万邦との交誼を篤うし、人種的差別を撤廃し、普《あまね》く文化を交流し、

進んで資源を開発し世界の進運に貢献す

右の決議は右会議における各国代表の演説と共に証拠として提出いたします。この決議は政治生活においては東亜の協力を必要とする一の家族と考えておりますが、各国との交際、資源の開発、文化の交流については、これを世界大に考えていることが認められます。特にその第五条にご注意を願い上げます。当時考えられたことの一はこのわれらの世界——プラネット——は政治的単位としてはこれを一つと見るにはあまりにも広きに過ぎる。しかし、経済的単位としてはこれを多数の単位に分かつにはあまりにも狭きに過ぎる。こういう見方であります。かくてわれらのいう新秩序は、世界征服の思想を含んでおらざることが証明せられます。

共同謀議

私が責任をもっていることは、被告のケースにおいて提出すべき事実を解明することであります。したがって法律的論議はできうる限りこれは避けます。しかしながら主席検察官も指摘されたごとく、本法廷憲章中の第一の犯罪たる共同謀議——コンスピラシー——という罪は、法廷憲章中にその名称があげられてあるのみで、定義が下されておりませぬ。共同謀議を処罰するチャーターの規定が適法であるか不適法であるかは別として、何か定義を下さなければ、検察官において犯罪であるとして主張せられる事実を定めることができませぬ。

同時に被告側がいかなる証拠を提出せねばならぬかを知ることができませぬ。

検察側は合衆国の下級連邦裁判所の判例を引用して、共同謀議を定義せんと試みられました。しかして、かかる裁判所の判例には議論の余地がないと主張せらるるごとくであります。

この裁判所は国際裁判所であります。また裁判官ご自身すでにこの裁判所がその地位にかんがみ、たとい合衆国の憲法であっても当然これを適用するがごときことは考えておらぬとの意見を述べておられます。したがって、この裁判所が米国憲法の規定の所産であるのに過ぎない連邦下級裁判所の判例を、そのまま採用せらるるがごときことはますますもってありうべからざることといわねばなりませぬ。

ある国において特殊なる歴史上の理由によって発展した法理をもって、直ちにこれを世界共通の一般理論として当裁判所において適用せらるべしとすることは、適当でないと主張するものであります。英米の法律組織におけるコンスピラシーの観念は、実は他に類例のないものであって、ローマ法系を承継した国においてこれに該当するものは発見しませぬ。英米法の主義を採用した国においても、イギリスまたはアメリカの特殊の判例を厳格にそのまま適用することは不可能であります。

ある国においてはある特殊の犯罪に関して二人またはそれ以上の者が、明らかに右特定の犯罪を犯すことを共謀した場合は、これを共犯者として処罰しております。この場合共謀の目的たるものは明らかに不法のものであるか、または不法手段に訴うるに非ざれば達成することのできないものであることが証明されねばなりませぬ。日本においては犯罪着手以前の予備または陰謀等を処罰するのは、むしろこれは例外であります。これを処罰する場合はあらかじめいちいちこれを刑法典に明示しております。他のローマ法系の刑法においても同様であると了解しております。また陰謀それ自体を独立の犯罪として観念するためには、陰謀の行なわれた日時と場所とが、了解しうべき程度において特定されなければなりませぬ。

英米の法制を採用せぬ国では、一九二八年一月から一九四五年九月二日までの間というがごとくに、十数年の長き期間の何時かに陰謀が成立したなどということは、考うることのできないところであります。私の上申せんとするところは、英米において発達しましたコンスピラシーの理論は、これを一の体系として国際法の一部を組成するものとは認めることができないということであります。もし首席検察官ご引用の判例が、共同謀議成立の後にこれに加入した者は、本来の共同謀議の団員と同一の責任を有するとの意味でありましたならば、これは断じて世界各国において一般に承認せられた法律思想ではありませぬ。したがってこの国際裁判所において、国際法の原則として適用せらるべきものではないと存じます。

組閣の慣行（共同謀議の余地なし）

一九二八年（昭和三年）ごろ以来、日本の内閣組織の担当者選定の方法は、いわば偶然の結果を採用するものであります。前内閣が何かの理由で倒れますれば、天皇より内大臣を経て重臣（これは主として前首相でありますが）に向かって何ぴとを後継首相に推すべきやのご下問があります。重臣それ自体は組織体ではありませんから、たまたま当日会合に出席した人々がその時の情勢に応じ、思いつきで首相候補を定めてこれを上奏するのであります。陛下は例外なくこの上奏をご嘉納ましますのであります。

それゆえに何びとが次の政権を託されるやは、重臣の意見が奏上せらるるまでは何びともこれを予想することはできませぬ。それゆえにわが国においては一定の組織体、政派または派閥、これが一定の期間政権を独占し、特殊の陰謀を続行するなどということは、これは不可能であります。かつてある証人が言及しました田中上奏文などいうものは、全く偽物か捏《ねっ》造《ぞう》物であります。以上の事実を証明するため適切な書証と証人が提出せらるるでありましょう。

大政翼賛会はナチに非ず

起訴状の前文第二段及び付属書の第六節第四項、大政翼賛会と翼賛政治会をもってドイツのナチ、またはイタリアのファシストに近きものと考えているようであります。これほど大きな日本政治の誤解はまたとないのであります。

このことは検事喚問の証人を反対訊問することによって一部判明はいたしましたが、われわれはさらに有力なる文書と証人をあげてこれを明らかにする必要があると信じておりますこれを提出することを予期しております。

陸海軍大臣の現役将官制

検察官は一九三六年の陸海軍大臣は、現役陸海軍大将または中将より選択すべき旨の勅令をあげて、これをもって陸軍が政府の統御及び支配を獲得せんとして制定したものであるといっておりますが、陸軍はこれを日本の武力膨張政策のために行使したるものであるともいっております。しかしながら実際の史実はこれに相違いたしております。

この勅令は一九三六年（昭和十一年）二月二十六日、すなわち岡田首相その他重臣襲撃の反乱の後に設けられましたものであります。当時もし万一にも陸海軍の予備大将、中将中にかようなる団体に関係する者がありますれば、そうして、それがもしも陸海軍大臣となりますれば、国家のために危険なる事態を生ずとの心配があったのでありました。

この勅令はかようなる出来事を避くるために制定せられたのであります。言いかえますれば、この勅令は粛軍徹底のために制定されたものでありまして、また実際にその目的は達しました。この勅令の効果は検察官の主張とは正反対に、武力の不当行使を主張する者を押え得たということになりました。この点についても証拠を提出する用意があります。要するにわが国にある軍関係の組織体があって、起訴状に特定した期間に日本政局を左右したるごとき観念をいだくことは、まったく事実の誤解であります。

世界征服、東亜征服の共同謀議なし

被告らの間に、あるいは世界を征服し（訴因四、五）、あるいは東亜、太平洋、印度洋及びこれに接着する地方を制覇し（訴因一）、あるいは支那を制覇し（訴因三）、あるいは満州を制覇する（訴因二）、これらのための共同謀議をなしたりとの糾弾については被告より反駁いたします。元来被告らは年齢も相違すれば、境遇も相違いたしまするし、ある者は陸海軍軍人であり、他の者は官吏であり、ある者は外交官、他の者は著述家でありまして、その全部が特殊の目的をもって会合する機会を持ったことはありませぬ。

彼らはこれらのことに関して団体として意思を交換する機会を持ったこともありませぬ。実際、被告中のある者の間には、いろいろの意見の相違が存在していたのであります。もし彼らのある者が満州事変、支那事変ないし大東亜戦争にある程度の関係があるといたしましたならば、右などの事件は、日本国家の全力をあげて活動しなければならぬ事変または戦争でありまして、その当時これらの者が国内の有力者であったがためであります。被告らが検察側の指名せざる種々なる人々、これと陰謀団を作って、かかる手段によって全世界、東亜、太平洋とか、印度洋とか、支那、満州を制覇するために共同謀議《コンスピラシー》したという事実はありませぬ。われわれは征服または制覇の共同謀議なかりしことを証するために証拠を提出いたします。

両事変以来一貫せる計画なし

なおこの関係において被告が明らかに証明せんとする他の点があります。それは満州事変と支那事変と大東亜戦争と、この三つを通して一貫せる計画によってなされたものである、と認むることは誤りであるということであります。これらの事変はおのおのその発生の具体的原因を異にした別種の事件であります。また一の事件の関係者は他の事件の関係者と異なっております。前任者が後任者にその計画を申し送ったり、後任者がこれを受け継いだというような事実もないのであります。

ことに明白なことは、一方では満州事変、他方では支那事変と大東亜戦争、この間の区別であります。満州事変は一九三三年(昭和八年)の塘沽《タンクー》協定で落着いたしております。その後に蔣介石政府の当事者は、満州国との間に関税、郵便、電信、鉄道の協定をいたしております。

また一九三五年、三六年中には蔣介石は日本との間の敦睦《とんぼく》令を発しました。当時、日本の岡田内閣の広田外相は中国と交渉されまして、満州及び北支の現状の承認を含む三原則を立て、中国側よりこれを基礎としてさらにその実行の細目を協定することの同意を得ていたのであります。それゆえ、塘沽協定より四年後に発生した支那事変が、ある特定の人物が満州事変と同一の目的をもって故意に計画的に引き起こした事件であると推定することは、不自然であります。過ちであります。これを明らかにするために、必要な証拠が提出せられます。

第一部においては、わが国の内政を証明する各種証拠が提出せられます。

公立学校（軍国主義教育に非ず）

検察官は一九二八年一月一日以前、多年にわたって、日本軍部は日本の青年に軍国主義的精神を教え込むことを目的とすると共に、日本の将来の発展は征服戦争にかかるという極端な国家主義的観念を培養せんとし、軍部はこれを日本の公立学校に実施したのであると、こう主張をしておられます。そうしてこれをもって共同謀議の存在する証拠の一つといたしているのであります。しかしながら、これほどわが国の教育に関する間違った見解はありませぬ。

わが国の公立学校制度は一八七二年、すなわち明治五年、アメリカの組織に倣ってたてたものであります。国民道徳の大本はわが国古来の美風を経とし、支那の儒学の教えを緯とし、これに配するに西洋道徳の粋をもってしたものであります。のち一八九〇年、明治二十三年に教育勅語が発布せられました。このうちに忠と孝と博愛と信義、公益、奉公等の徳目が定めてありまして、決して戦争奨励の趣意は含んでおりませぬ。日本人の崇拝の目標でありまする皇室のご本旨は、常に平和と、愛と、仁慈とであります。もっとも華美を排斥して、質実、剛健を奨励いたしましたが、これは戦争奨励とは異なったものであります。

一九二九年以後においては、アメリカやスイスの例に倣いまして、学校内に軍事教練を施しましたが、これは青年の心身の鍛練と品性の改善のためであります。そしてこの措置は日本政府による軍事予算の削減から生じた欠陥を補うためでありまして、侵略思想の表現とみなすべきものではありませぬ。

以上は、わが国不動の教育方針であります。いかなる文部大臣もこの不動の方針を動かすような力は持つことはできませぬ。日本の将来は征服戦争にかかるなどの教えは、政府も軍も方針として教授したことは断じてないのであります。

日本は本来、自由貿易主義

由来日本は領土は狭小で、資源は貧弱で、しかも急速に増加する過剰人口を包容してその経済を維持するためには移民を実行するか、貿易に依存するか、工業化によるか、この外には途はありませぬ。そうして移民は多くの西洋諸国から閉鎖されましたがゆえに、日本としては、貿易と工業化とに進まざるを得なくなりまして、自然この方向に打開の途をとって歩んで来たのであります。ことに東亜においては、土地が近接せることと、特殊の利益を有するため、なおさらかくすることが自然でありました。

しかるに世界恐慌の暴風雨に襲われ、一九三一年九月イギリスがついに金本位停止をなすに及んだのであります。各国も続々これに倣いまして、翌一九三二年七月には、オタワ会議が開かれて大英帝国ブロックが結成されるにいたりまするや、世界はあげて関税戦が熾烈になりまして、通商障壁が激成されました。

しかるに日本はこの時も依然として自由通商主義をもって変わらなかったのであります。

一九三三年の六月に、世界通貨経済会議が開催せられますや、日本は多大の希望をもってこれに参加しました。日本代表の石井菊次郎子爵は日本の主張を熱烈に披瀝しましたが、ついに同会議は不成功に終わりました。これはアメリカの態度が重大な原因となっております。一九三四年イギリスの提議によって日英会商が開催されました。日本はこの会議に臨みましたけれども、イギリス側は英帝国のみならず第三国市場についても割り当て制限並びに指定制を迫ったのであります。

これには日本としてはとうてい承服はできませぬ。したがってこの会商は、成功を得るに至らずに終わりました。その結果、ランシマン商相の声明によってその植民地全体をあげて、日本に対する貿易制限を実施したのであります。

これと同時にイギリスと蘭印との通商交渉が開始せられ、後者は日本品に対して輸入防遏《ぼうあつ》の強行手段をとりました。これに次いで日蘭会商が提議されました。この会議は一九三四年六月から開始されたが、イギリスと事情を異にする日本とオランダとの貿易調整は非常に困難でありました。他方、ちょうどこの時に中国における排日運動がまたこれ激化しまして、かくして貿易によらなければ生きて行けぬ日本としては、深刻なる難局に遭遇したのであります。

かかる世界の経済難局に影響せられて、日本は統制経済に転向して、ブロックを形成して経済の自立を企図しなければならぬように立ちいたったのであります。ことにソ連の数次にわたる産業建設の五か年計画は痛く日本を刺激しております。重工業の発達において著しく列国に劣る日本といたしましては、この工業部門の促進を必要となすにいたりました。日本の経済の各種の統制と諸計画は、実にかくのごとき状態の下に発生したものでありまして、これらは決して支那事変に対する計画的準備でもなければ、いわんや大東亜戦争の準備では断じてないのであります。

以上の諸点については、われわれは専門家の証人を呼んでその陳述をなさしめるはずであります。

私有財産制の擁護と国体の護持

戦争前には日本においては世界各国と同様に、言論の自由は尊重されていたのであります。ただわが国では一九二五年以来、共産主義並びに過激国家主義の宣伝は法律をもってこれを禁止しました。これは周知の通りであります。日本国民は私有財産制度の維持を望んでいたのであります。わが国では国民尊崇の目標である皇室を誹謗することさえも非常にきらったのであります。ところが共産党は私有財産制度を否定して、わが皇統を覆えさんといたしていたのであります。

日本においては一九二〇年代から共産党の活動が活発となって、私有財産制度及びわが国体を覆滅せんとする地下行動が全国に蔓延せんといたしました。かかる場合にこれを禁止することは、主権ある独立国家としては当然のことであります。これは戦争の準備でも計画でもございませぬ。

このことは、この治安維持法が自由主義を信条とする日本の三政党の連立の内閣で提案されたことによっても証明せられます。言論指導の状況は証拠をもって別に立証いたします。なお、いったん戦争が開始されました以上は、防諜の必要上言論においても相当の制限を必要とすることは、これは言うをまちませぬ。各国とも例外なくかかる制限を採用しております。彼とこれとを混同されてはなりませぬ。

思想統制の対象は上記のごとくに左翼運動だけではなかったのでありまして、右翼運動すなわち極端なる国家主義運動もその対象でありました。しかして被告のある者は在職中、かかる極端なる国家主義運動を統制するの任に当たっておりました。

一九三〇年以後の数年の直接行動

わが国において一九三〇年―三二年のころ、いわゆる革新運動なるものが発生しました。この革新運動とても必ずしも対外進出を主張しているものではありませぬ。ただ、ご記憶を願いたいことは、当時わが国の人口は年々に増加しまして、まさに一億に達するのも目睫《もくしょう》の間でありました。資源は非常に乏しく、前に引用したごとく世界不況の結果、わが国の商工業は言うに及ばず、農業も非常なる苦痛に陥りました。そのころまではわが国は政党政治の形態で、政友会、民政党の二党が交互に内閣を組織するようになっておりましたが、その政権争奪の方法が公明でなく、また政治家の腐敗事件が引き続き暴露いたしました。

この事実及び事件に刺激せられて、熱血の青年または少壮軍人が直接行動をなすにいたったのであります。この運動の動機を証明するための証拠物は、空襲のため悲しいかな一部焼失いたしました。しかし残存するものと、証人によってこの運動が侵略戦を目的としなかったことが証明し得られます。ただここに特に裁判官に指摘申し上げたいことは、本件被告のある者は、これらの運動を鎮圧することに功労のあった人々であったということであります。

一九三七年以後の国防計画

検事はわが国の侵略企図として一九三七年以後、陸軍及び海軍の国防計画を指摘しておられます。しかしながら前にも申し上げた通り、およそ軍備というものは相対的のものでありますす。当年のわが国の国防計画が侵略的であったか、防御的であったかは、これと対照せられまする他国のそれと比較せねば判断はできませぬ。

一九三七年ごろわが国に隣接しておりました陸軍国は、ソ連と中国とこの二国であります。中国に対しては、日本はいまだかつて全面的闘争を生ずることは予想しておりませんでした。したがって包括的の計画はありませぬ。ソ連に関しては、ソ連の第二次五か年計画と、第三次五か年計画並びにその一九三六年以後の極東軍備状況を証明いたします。

これによってわが軍備計画の性質は明らかとなるのであります。どこの国でも参謀本部または軍令部は仮装敵国を定め、年次計画を立てることが行なわれているのであります。これはその相手国と戦争する決意を証明するものでないことは言うに及びませぬ。

ロンドン軍縮会議以後、わが国の計画と、当年以来のアメリカ合衆国及び大英帝国の計画とを比較対照することによりまして、わが国の海軍の計画が侵略にあらざりしことを証明することができます。

自衛権存立するや否やの判断

自衛権の本質とその限界自体は国際法上の問題であって、証明を必要としないものであります。しかしある具体的の条約において自衛権をいかなる限度に保留しているかということは、その条約締結当時の事情に照らして解釈することが許されます。一九二八年の不戦条約の締結の際に、各国政府がなした交渉顛末、関係者の公式発表、批准の際の留保、これらはこの条約上の自衛権の限度を証明する資料として被告より提出いたしたいと思います。

またハル国務長官並びに野村大使との間に行なわれた一九四一年の日米交渉の際においても、自衛権の解釈の問題となっております。この際アメリカ側は、自衛権の限度について自己の見解を表明いたしました。被告はアメリカが自衛権なりとして表示した関係記録を証拠として提出いたします。

「自衛権の存立はこれを行使する国家において独自の判断をもって認定すべし」。こういうことがいわれております。すなわち国際法においては自衛権を主張する当事者は、その権利が確実に存在するや否やは、自らこれを判断するの絶対の権能を有するということは確実に承認せられた原則であります。

統帥と国務

日本における統帥と国務との関係は他国の人にとっては難解なことと思われます。しかしながら本件においてはある措置をとったこと、またはとらなかったこと、その責任が統帥の系統に属するか、国務の系統に属するかは重要な関係をもっております。

これは大日本帝国憲法、特にその第十一条、第十二条の解釈に、また確定した慣行に基づくのであります。軍事に関しても統帥責任者、陸軍参謀総長、海軍軍令部総長、この統帥責任者の権限と陸海軍大臣の権限とが、本件においては重要な争点であります。その他さらに政府の各機関の権限も、本件全体に関係あることであります。被告側より証人によってこれを明白にいたします。わが国軍隊における命令権と服従の義務は、多少外国と異なっております。これは平時と戦時とに区別されて観察せられます。

連合軍が使った戦法犯罪というべからず

ポツダム宣言並びに降伏文書の解釈及び適用を明らかにするために、具体的の証拠を出すつもりであります。それはこういう考えから必要なのであります。ある国が一方においてある種の戦闘方法を使用しつつ相手方に降伏を勧告する場合には、自ら使っている手段を正当なものとする建て前で、降伏勧告をするものと解釈すべきは当然であります。

もし降伏条件中に「犯罪」という文字がありとすれば、この「犯罪」中には、勧告者自身が勧告継続中に用いつつある方法は含まれないとなすべきであります。

これは文書または宣言の解釈上正当のことと存じます。それゆえ、連合軍が公然と日本に対して使いましたところのものと同一型の戦法は、ポツダム宣言中の「犯罪」中より当然除外さるべきものと解釈されねばなりませぬ。これによって当裁判所で犯罪として取り扱われるべきものの限度が確定するのであります。そのためにこの期間中に連合軍が採用した戦術を証明するために、記録や写真や多数の証人を提出いたしたいと思っております。

侵略とは何ぞ

検察官は、侵略戦争は古き以前から国際犯罪を構成したと主張し、侵略の定義を与えております。これを支持するために多数の国際条約または協定も引用しております。元来侵略が何であるかということを定義することは、かつてジョン・バゼット・モーア氏が「理性への訴え」という一文で指摘いたしましたように、実に不可能であります。かかる点に関し、ただいま法律上の議論をするものではありませぬ。それは本件のほかの段階において述べる機会が与えられることと予期しております。しかしながら、検察官が引用せられた事実の内に、脱落があることをわれわれはこの段階において指摘するほうが適当であると存じます。検察官はまず一九〇七年のハーグ条約第一をあげておられますが、この条約では、周旋または調停はこれを絶対的義務といたしておりませぬ。それは当事国は「成るべく」また「事情の許す限り」問題を周旋または調停に付することを期待せられているに過ぎませぬ。検察官は次に一九二四年の第四回国際連盟総会に付議せられました相互援助条約案を引用せらるるようであります。

この案は一九二四年の第五回連盟総会で廃棄せられております。すなわち条約とはならなかったのであります。したがっていずれの国に対しても拘束力がありませぬ。検察官はまた一九二四年のジュネーブ議定書を引用されております。この条約案には各国代表はいったん調印はいたしました。しかしながらイギリスの批准拒絶によりまして他の国もこれに倣って批准を与えませんでした。さればジュネーブ議定書なるものはついに条約としては成立いたさなかったのであります。

条約として成立しなかったことは、侵略戦争を国際法上の犯罪なりとなすのが当時未熟でもあり、これを定義することがあまりにも困難であるということの証拠として引用せられうると思います。一九二八年のケロッグ・ブリヤン条約もまた侵略戦争を犯罪なりと規定はいたしておりませぬ。これについての議論は初めに申し上げましたように、この場合は省略いたしておきます。

戦争と殺人

本件起訴状には、訴因第三十七以下において殺人――マーダー――なる一分類を設けております。各種の戦争行為によって発生した人命の喪失を、殺人と看做《みな》して被告人らを起訴せんといたしておるのであります。被告弁護人は、戦争による人命の喪失は殺人罪を構成するものではないと主張いたします。これが国際法の定説であります。またあまりにも顕著な理論であるがために、諸証の引用は必要ならずと考えます。しかして戦争状態は戦闘行為の第一弾が発せられたときに発生いたします。したがって訴因第三十七より四十四までにあげました人命の喪失が、戦争状態発生以後の事実なることを立証いたします。これによって検察官の主張を排斥するものであります。

官職にあった者の責任

検察官は侵略戦争の場合に官職の地位にあった者は普通の重罪人、すなわち殺人犯人、匪賊、海賊、掠奪者、こういうものとして扱われ、またそれと同様に処罰せられるべきものであると主張しておられ、かつまたこれが一般に承認せられた国際法上の法則であるとまで確言せられておるのであります。

これは国際法のできないむかし、上代未開の時代のことを言われるのでありましょうか。

太平洋戦争中の事件とドイツの行為

検察官はしばしば太平洋戦争中に起こった事件と、ドイツが欧州戦争中に行なった行為とを比較しておられます。ことに太平洋戦争中に発生しましたテロ行為、残虐事件はドイツにおいて行なわれたものと同一型のものであること、またこれらの行為は偶然に発生した個人的の不正ではなくして、国家の政策として計画せられたものであるとまで極言されております。

被告弁護人は日本の中央政府並びに統帥部は、戦争の法規慣例は厳重にこれを守ること並びに一般市民並びに敵人といえども、武器を捨てた者には、仁慈の念をもって接すべき旨をきわめて強く希望したことを証明する用意があります。それがために一九四三年一月には戦陣訓というものがつくられて、兵卒には一人残らずこれを交付いたしました。また海軍ではかねてよりこの点に関する国際法規の徹底には努力いたしました。そして違反者は軍法会議によって裁かれたのであります。前線の指揮官は常にこの点を強調しております。

ただ戦争の末期にわたりまして本国との交通も途絶し、戦線は分断せられ、その司令官との通信も不能となり、食糧は欠乏し、自己の生存は刻々危険となったような場合、または現地人の非道なるゲリラ的妨害を受けたような場合には、非人道的行為が行なわれたであろうことは認めねばならぬと思います。准士官及び士官の労務に関しては、必ずその自発的の申し出によって労務に服せしめるということを命じております。

これらのことについては第一部門において具体的に証明いたします。わが国においては、ドイツにおいて行なわれたと言われますユダヤ人等を迫害するというがごとき故意の人道違反を犯したことはかつてありませぬ。この点において、ドイツの戦争犯罪の場合と非常に相違のあることを第一部門において証明されなければなりませぬ。

第二部

　第二部門は一九三一年以来満州において犯したと主張せらるる犯罪を反証するのであります。これは起訴状においては訴因第二及び付属書A、訴因第十八、二十七に関係するものであります。訴因第四十四もある程度この部門に関係することを含ませてあります。本部門及びこれ以下の部門において被告の反証せんとする証拠物はきわめて多数であります。

リットン報告

　リットン報告書にも「本紛争に包含せらるる諸問題は、往々称せられるがごとき簡単なるものにあらざること明白なるべし。問題は極度に複雑なり。いっさいの事実及びその史的背景に関する徹底せる知識ある者のみ、事態に関する確定的意見を表示しうる資格ありというべきなり」とリットンは言っております。

特殊権益

　満州国における特殊事態を証するため、日本が当年満州に持っていた権益なるもの並びにその正当性もまた証明さるべきであります。日本はなにゆえに満州に特殊の権益を取得したか。なにゆえに日本人は満州に出ていったか。日本は土地が狭く人口は多かった。海外移民が可能であった時にはそれで一部解決せられたのでありましたが、一九〇八年のころ、いわゆる紳士協約で事実上アメリカへの移民を中止いたしました。この時、外務大臣小村寿太郎君は議会において「わが民族が濫りに遠隔の外国領地に散布することを避けて、成るべくこれをこの方面（満州方面）に集中し、結合一致の力によって経営を行なうことを必要とするにいたりましたのでございます。政府はこれら諸点を考慮いたしまして、カナダ及び合衆国の移民に関しては、既定の方針を踏襲いたしまして、誠実に渡航の制限を実施しつつあります」とかように表明しております。

この表明はわが国ではアメリカ側の了解を得たうえのことであると了解せられております。この演説の全文は証拠として提出せられます。

アメリカとの関係においては、一九一七年十一月二日には、ランシング国務長官と石井全権との間に一の協定ができました。その協定の一部においては「合衆国政府並びに日本政府は領土の接近せる国家の間には特殊の関係を生ずることあることを承認する。したがって合衆国政府は日本が支那において特殊の利益を有することを承認す。日本国の所領に接近する地方において特にしかり」という文字が載っております。この約束はその後取り消されましたけれども、それまでの間にわが国及びわが国民は満州において多くのことをなしていたのであります。これら既設の事項は石井・ランシング協定の取り消しによって除かれることになってしまいました。

未解決三百件

当時満州にあった政権は、日本と緊密なる提携の下にその勢力を維持していたのでありますが、一九二五年から全中国に国権回復運動が擡頭いたしました。満州における情勢も大いに変化しました。一九二八年に張作霖の爆死、満州政権の易幟《えきし》がありました。次いで国民党支部の満州進出を見るに従いまして、日満の紛争は逐年増加したのであります。一九三一年においては未解決の案件は三百件に及んでいるのであります。以上の事柄も証拠によって証明いたします。

関東軍と張学良軍

日本は条約及び協定によって、関東州及び満州における権益保持のために関東軍を駐在するの権利を持っていたのであります。一九三六年の関東軍の兵力はわずかに歩兵八大隊と砲兵二中隊と一独立守備隊、兵隊の数にしまして一万四百に過ぎませんでした。これは一九〇五年のポーツマス条約の追加条項による在満鉄道線一キロにつき十五人という制限以下の数であります。

これに対して張学良の統轄指揮しておりました軍隊は正規軍二十六万八千、不正規軍がこのほかに大きな部隊がありました。関東軍は二十余万の中国軍により包囲せられましたわずかに一万四百の小兵力に過ぎませぬ。しかもその任務は、南満鉄道線路一千キロメートルの保護と、広範なる満州の地域に散在しておりまする百二十万に達する在留邦人の保護を任務としていたのであります。かような状態でありますから、いったん事が起これば、自衛のために迅速な行動を取る必要に迫られていたのであります。

一九三一年九月十八日夜

検察団は一九三一年（昭和六年）九月十八日夜の鉄道爆破事件を、日本側の策謀によるものであると主張しておられます。

被告側においては実情を証明するために、証拠を提出いたしたいと存じます。いずれにしてもその当夜、軍隊的衝突が発生しました。すでにこれが発生しました以上は、関東軍においては軍自体の自衛と軍本来の任務のために中国軍を撃破しなければなりませぬ。この間の消息は当時関東軍の司令官たりし故本庄大将の遺書によって証明が可能であります。わが中央においては事態の拡大を希望せず、なるべく速かに解決せんと欲しましたが、事件はその希望に反して逐次拡大してゆきました。その真相並びに連盟理事会とアメリカ側との態度については、適切なる証拠を提出いたします。

またその真相は、すでに証言や書証によって検察側からも示されたものであります。

自治運動より満州国政府の成立

一方、関東軍が自衛のために在満中国兵力と闘争しております間に、満州の民衆の間にいろいろな思想から自治運動が発生しました。これらの思想は保境安民の思想、共産主義に反対する思想、蒙古民族の中華民国よりの独立運動、張学良に対する各地政権並びに将領の不平不満、清朝の復辟《ふくへき》希望等であります。一九三二年二月には東北行政委員会ができまするし、三月一日には満州国政府の成立となりました。以上の大略はこれを証明するでありましょう。

かつて満州建国後においては、日本出身者も満州国人民の構成分子となることが許され、また満州国建設後には、満州国の官吏となって育成発展に直接参与したことは事実であります。しかしそれは建国後のことであります。

現に一九三一年九月には、日本の外務大臣及び陸軍大臣は在満日本官憲に対して、新政権樹立に関与することを禁ずる旨の訓令を発しております。換言すれば満州国政権の出現は、リットン報告のいかんにかかわらず、満州居住民の自発的運動でありまして、このことは証拠によって証明いたします。

満州における事態は、一九三三年五月には一段落となりました。一九三五年、六年の間には中国側においても事実上の地位を承認せんとしております。世界のほかの各国も逐次満州国を承認しました。ことに一九四一年には、本法廷に代表検察官を送っておりまするソビエト連邦は、満州国の領土的保全及び不可侵を尊重する契約をいたしたのであります。

第三部

第三部は中華民国との関係であります。これは訴因としては、第三、第六、第十九、第二十七、第二十八、第三十六、第四十五ないし第五十、第五十三ないし第五十五に関係いたしております。

一九三七年七月七日事件

かの一九三七年（昭和十二年）七月七日の蘆溝橋における事件発生の責任はわがほうにはありませぬ。日本は他の列国と一九〇一年の団匪《だんぴ》議定書によって兵を駐屯せしめ、また演習を実行する権利をもっておりました。またこの地方には日本は重要なる正常権益を有し、相当多数の在留者をもっていたのであります。

もしこの事件が当時日本側で希望したように局地的に解決されておりましたならば、事態はかくも拡大せず、したがって侵略戦争がありや否やの問題には進まなかったのであります。それゆえに本件においては中国はこの突発事件拡大について責任を有すること、また日本は終始不拡大方針を守持し、問題を局地的に解決することに努力したことを証明いたします。近衛内閣は同年七月十三日「陸軍は今後とも局面不拡大現地解決の方針を堅持し、全面的戦争に陥る如き行動は極力これを回避する。これがため第二十九軍代表の提出せし十一日午後八時調印の解決条件を是認してこれが実行を監視す」と発表しております。
しかるにその後中国側の挑戦は止みませぬ。郎坊における襲撃、広安門事件の発生、通州の惨劇等が引きつづき発生しました。中国側は組織的な戦争態勢を具《そな》えて、七月十二日には蔣介石氏は広範なる動員を下令したことがわかりました。一方中国軍の北支集中はいよいよ強化せられました。豊台にあるわが軍は中国軍の重囲に陥り、非常なる攻撃を受けたのであります。そこで支那駐屯軍は七月の二十七日にやむをえず自衛上武力を行使することに決しました。書証及び人証によってこの間の消息を証明いたします。

それでも日本はやはり不拡大方針をとってまいりましたが、蔣介石氏は逐次に戦備を具えまして、八月十三日には全国的の総動員を下令しました。同時に大本営を設定いたしまして自ら陸、海、空軍総司令という職に就きました。全国を第一戦区（冀察《きさつ》方面）、第二戦区（察晋方面）、第三戦区（上海方面）、第四戦区（南方方面）に別ちてこれに各集団軍を配置して対日本全面戦争の態勢を完備しました。

北支事変

外交関係は依然継続しておりましたが、この時期には日中の間に大規模な戦闘状態が発生したのであります。以上の急迫状態に応じて、わがほうでは北支における合法的権益を擁護するために、遅れて八月三十一日にいたって内地より北支に三個師団の兵力を派遣すると共に、また駐屯軍を北支方面軍と改称いたしました。その司令官に対しては平津地方の安定を確保する相手方の戦闘意思を挫折せしめる。戦局の終局を速かにすべきことを命じました。かくのごとくこの時にいたってもわがほうにおいては北支の明朗化と該地方における抗日政策の抛棄を要求していただけであります。

日本政府はこの事件を、初め北支事変と称して事態を北支に局限し得るものと考えておりましたが、これが八月中には中支に飛び火いたしました。その原因については、別に説明いたします。

中国側は、一九三二年、英米その他の代表の斡旋によって成立いたしました上海停戦協定を無視して、非武装地帯に陣地を構築し、五万余の軍隊を上海に集中いたしました。この地にあった日本の海軍陸戦隊はわずかに四千名にも足りませぬ。かくて日本の在留者の生命と財産は危険に陥ったのであります。このときわが海軍特別陸戦隊の中隊長大山中尉が無残にも射殺されたのであります。日本は八月十三日に在留民の生命財産を保護するために上海に派兵することに決定いたしました。中支における闘争が開始しましたのは実にかくのごとき事情の下においてであります。換言すれば事件を拡大してその範囲及び限度を大きくしたものは中国側であります。

われわれは、以上の事実に関し証人を申し出で、戦闘開始の責任のご判定に資せんとするのであります。

双方宣戦せず支那事変と称す

中国との闘争は支那事変と称しまして支那戦争とは称しませんでした。戦争状態の宣言または承認はいずれの当事者よりも、また他の国よりもなされませんで、実に蔣介石大元帥も一九四一年太平洋戦争の発生するまでは、わが国に向かって宣戦を布告しませんでした。これは欧米の人々には真に奇異に感ぜらるることと思います。しかしわがほうの考えはこうであります。この闘争の目的は中国の当時の支配者の反省を求めて、日本と中国の関係を本然の姿に立ち戻そうとするのであります。中華民国の一部分に実際に排日運動をまき起こしたのは、中国共産党の態度によるのであります。蔣氏は世間を聳動したかの西安事件以来、共産党を認容するにいたっておりますが、日本政府は、この蔣大元帥の行動は遺憾なる一時的の脱線であると見ていたのであります。

当初は日中の間には外交関係は断絶しておりません。また両国の条約関係は依然効力を保持しておりました。降伏して来ました中国兵はこれを釈放しました。日本在住の中国人は敵人としてこれを扱わず、安んじてその生業を営むことを得しめたのであります。また中国に対し宣戦を布告しなかった目的の一は、戦争法規の適用によって、第三国人の権益を制限せぬようにしようというのであります。しかしながらわが国の希望に反して、戦闘はだんだんと拡大してゆきました。その結果占領地における第三国人は自らある程度の影響を受くることは免れぬことになってゆきました。それが日本とイギリスとの間に一九三九年七月、いわゆる有田・クレーギー協定ができた所以《ゆえん》であります。

もしこれが宣戦した戦争でありましたら、かえって九か国条約適用の問題も生じなかったかと存じます。なんとなればその場合には、中国と日本に関する限りは、条約の効力は自動的に効力を失うか、少なくとも戦時中の効力は停止されるからであります。しかしながら実際は中国も日本も双方とも宣戦はしませんでした。そこでかの九か国条約の適用の問題が生ずるという矛盾した状態に逢着《ほうちゃく》したのであります。

九か国条約

九か国条約が成立しました一九二二年と支那事変が起こりました一九三七年との、この十五年の間に、東亜の天地には五つの異常な変化が起こっております。

その変化の第一はこうであります。九か国条約以後、中国は国家の政策として抗日侮日政策を採用しました。不法に日貨排斥を年中行事として続行するにいたったことであります。中国は反日感情が広く青年層に伝播するようにと公立学校の教科書を編纂しております。排日教科書。

その二は、第三インターナショナルがこの時代に日本に対する新方略を定めて、中国共産党がかの指示に従い、かつ蔣介石政権もこれを容認したことであります。

その三は、ワシントン会議で成立しました中国軍隊削減に関する決議が、ひとり実行せられざるのみならず、かえって中国軍閥は以前に何倍する大兵を擁し、新武器を購入し、抗日戦の準備に汲々《きゅうきゅう》たる有様であったことであります。

その四は、ソ連の国力が爾来非常に増進したことであります。ソ連は九か国条約当時これに参加しておりませぬ。したがってその条約の拘束を受けませぬ。そして三千マイルにわたるソ中両国の国境を通じて異常なる力を発揮してこれに迫ってまいりました。実に外蒙古を含む広大なる地域は、中国がその主権を主張しておりますけれども、実際はソ連の勢力下に置かれたのであります。

その五は、九か国条約締結以来、世界の経済が、経済的国際主義より国内保護主義への転換を示して来たことであります。

九か国条約は終了期限のない条約であることに注意しなければなりませぬ。この五種類の事情がいかに帰着するかは後に明白となりましょう。提出せらるべき証拠は自らその内容を語るものでありましょう。ただここに申し上げることは、かくのごとき状態において九か国条約は非現実のものとなりました。その厳格な実行は不可能に陥りました。しかも中国も日本も宣戦はしておりませんが、大きな戦闘に進んでおりました。この場合占領地であろうとなかろうと、中国の領土に九か国条約の文字通りの実行は実際上不可能になってしまったのであります。被告側ではかかる場合に、この条約を文字通りに実行しなかったということが、必然的に犯罪を構成する道理はないと主張いたします。この前提の下において、以上の五点が条約当時考えられていた状況を変更し、条約の効力適用を無力ならしめたことを証明するのであります。

経済侵略なし

検察官は、被告は経済侵略について責を負うべきものといたしております。弁護団は中国において何ら経済侵略はなかったことを証明するでありましょう。さらにまたいずれにするも、経済的の侵略はそれ自体犯罪ではありませぬと主張いたします。

麻　薬

麻薬に関する検事の主張につき上申いたします。検事の主張は、日本は一方において麻薬を中国に販売することによって中国人の戦意を挫《くじ》き、他方においては、これによって戦費を獲たというのであります。裁判所のご注意を願いたきことは、わが国はかつて台湾においてアヘン吸飲者を漸減した特殊の経験を持っていることであります。

台湾において——その日本の統治下にあった時代には、アヘン専売及び統制を布きまして、これによってアヘンの取り引きを禁じ、漸次アヘン癮者《いんじゃ》の数を減少させました。

中国では主としてその西洋との交通の結果、アヘンの吸飲は古くかつ広く行なわれた慣習でありますが、日本はできうる限り今申し上げた経験を中国に利用したのであります。

この点に関して具体的事実と数字を挙証し、またアヘン売買の収入が戦費に使用されざりしことを証明いたします。最後に被告中に、このことに関係を持った者の存在せざることも上申いたします。

残虐事件

日本の一部の軍隊によって中国において行なわれたという残虐事件は遺憾なことでありました。これらはしかしながら不当に誇張せられ、ある程度捏造《ねつぞう》までもされております。その実情につき、できる限り真相を証明いたします。日本政府並びに統師責任者はその発生を防止することを政策とし、発生を知りたる場合には、行為者にこれに相当する処罰を加うることにつとめております。

元来、中国の国民との間には、親善関係で進むことが日本の顕著なる国策の一つでありまして、また現在もさようであります。それゆえ中央政府にありまた派遣軍を嘱託されていたような軍の幹部が、かかることを軽々しく行なったり、またこれを黙過するということのあるべき道理はありませぬ。

われわれは被告のだれもがかかる行為を命じたり、授権したり、許可したり、並びにそういうことのないこと、この点に関する法律上の義務を故意に、または無謀に無視したことのないことを証するために、あらゆる手段を尽くすでありましょう。

第四部

第四部門たるソ連関係のことは起訴状においては共謀に関する訴因の外には、訴因第十七、第二十五、第二十六、第三十五、第三十六、第五十一、第五十二等であります。これらが本件の裁判所の管轄に入るべきでないことは前に述べた通りであります。ことに張鼓峰事件、ノモンハン事件はおのおの協定済みの事件であります。またその後一九四一年四月、日本とソビエトとの間に中立条約を締結したことによっても疑問の余地はありませぬ。

張鼓峰、ノモンハン

かつまた張鼓峰事件なり、ノモンハン事件は、いずれもソ連と満州との間の国境の不明なるがために発生した紛争であります。いわゆる侵略戦争の型に入るべきものでないことは言を待ちませぬ。満州国とソ連との国境が確定されたならば、その係争はその時その場で解決されるのであります。なおこの争いにおいて、日本側主張の国境が正当であったことは、われわれの提出する証拠によってこれを証明いたします。当時かかる紛争が東京政府または関東軍の計画によるものでないということは特にここに付言せらるべきであります。

右両事件における軍派遣の状態は日本がソ連に戦いをいどむ意思のなかったことを確かに証明するのであります。われわれはまた当時日本では日本語で「対ソ絶対静謐《せいひつ》」方針と名づける方針を立て、これを遵守していたのであります。

参謀本部年次計画

ソ連を代表する検察官は、わが国参謀本部の一九四一年の年次計画を示すことによって日本の侵略意図を証明せんとつとめられました。が、しかしながら、かくのごとき計画は仮定的のものであり、仮定された戦争が起こった場合でなければ、実施せられるものでないことは記憶されねばなりませぬ。

われわれの考えでは、いずれの国においてもかくのごとき計画をもちます。これをもっても他国の疑いを受けるものではありませぬ。これは単に各国の軍当局が義務として作成すべきものであります。

かかる計画が単に存在していたということで、一国政府の敵意の存在を決定すべきものではありませぬ。本陳述の初めにも述べました通り、一国の兵力の準備は他国のそれとの対照によって判然しなければなりませぬ。それで初めて攻撃的なりや否やを判定することができるのであります。

われわれはソ連が一九三六年、日独に対する同時攻勢作戦を立てたことを証明いたします。一九三九年すなわちノモンハン事件の起こった時以後においては、バイカル以東のソ連の兵力はわが満州と朝鮮とに持っていた兵力の二倍という原則を立てました。検察側は一九三一年に日本が満州の兵力を強化したことを強調されましたが、一九三一年に満州に相当の兵力を持ったことは事実であります。しかしこれらの兵力は全く防禦的のものでありました。これを証するものとしては、その時代における前記ソ連の増兵、並びにソ満国境におけるソ連軍の情勢よりも有力なる証拠はありませぬ。

一九四五年二月十一日にヤルタ条約

ことに一九四五年八月、この時はソ連がわが国との中立条約を持っておりましたが、これを無視して、早くも虎頭南方より越境して来て引き続き満州国に侵入して来ました。さらに驚くべきはこの決意はすでに一九四五年二月十一日にヤルタでなされております。これは明らかに当時なお日ソの間に効力のありました中立条約の違反であります。わが国が満州においてとりたる防禦的措置が、当然であったことはこの事情によっても決定的に証明されているのであります。

第五部

われわれはここに第五部門、太平洋戦争の説明に到達いたしました。これは訴因中きわめて多方面にわたっております。訴因第一、第四、第五、第七ないし第十六、第二十ないし第二十四、第二十九ないし第三十四、第三十七ないし第四十三、第五十三ないし第五十五等に関係しております。この件につき証拠を規則正しく提出するため、上記訴因のあるものについては、さらに小部門を設けて後に別に詳細に取り扱うでありましょう。

日独伊三国関係は戦争準備に非ず

戦争前に日独伊三国の密接関係が成立しておりましたが、これは太平洋戦争準備のためではありませんでした。われわれはこれを証明するため、適当な証拠を提出いたします。

一九三六年の第七回国際共産党大会では、その破壊的目的をまず日独両国におくということに定めました。それゆえ、両国は自衛上これに対抗するの策を立てねばなりませぬ。ことに日本としては、これは寒心に堪えぬことでありました。共産主義は隣邦中国に政治的、社会的革命を使嗾《しそう》してこれを淵に投ぜんとしていたのであります。ソ連からは革命技術と人的援助という貌《かたち》で補助の手をのばしてまいりました。これは一九二三年の孫文・ヨッフェ間に相互共鳴の共同宣言以来、継続されたのであります。これは日本帝国の安寧上、最も危険なことでありました。

かくのごとくして、日本と第一にはドイツとの間に共産主義に対する共同防衛が成立し、次にはイタリアとの間にも同様条約が成立しました。中国と日本との間の共同防共の原則は、外相広田氏によって提案せられました。後には一九三八年の近衛声明にも包含せられたのであります。赤化防止につき共同の利害を有しているので、日本とドイツが締結したのが協同防共協定であります。一九三六年十一月二十五日の協定がそれであります。これが後日、日米英戦争を予期してつくったものでないことは説明を要しませぬ。現にこの協定の第二条にはこう書いてあります。

「締約国は共産インターナショナルの破壊工策により、国内の安寧を脅かされる第三国に対して本協定の趣旨により防衛措置を採り、また本協定に参加することを勧誘すべし」

またそのいわゆる秘密了解事項というものも何ら他国の侵略を意味するものではありませぬ。該了解事項は、ソ連が締約国の一国に戦いをいどんだ場合に、ソ連の負担を軽からしむるようなことはなさぬ、というきわめて消極的なものでありました。一九三九年に、防共協定強化のために日独が交渉をしたことがありますが、これは独ソの不侵略条約によって突如中止されました。これとても英米への反対を目的としたのでは決してありませぬ。

一九四〇年九月二十七日の日独伊三国同盟は最も顕著な条約でありますが、この条文は簡単であります。この条約も日米戦争を目的とするものではありませぬ。この条約において考えられましたことは、むしろ日米間の戦争を避けることであります。

証拠は、ドイツと、日本と、イタリアとの間に有効な協力のなかったことを示し、かつまたドイツが日本に対して、ソ連に対する戦争に参加すべきことを強調したことを証明するでありましょう。しかし日本はこれを拒絶しております。

ドイツは対英戦争につき日本の援助を求めましたが、日本はドイツと協同することをこれまた拒絶しております。むしろ独立の行動に出ております。ドイツは合衆国を戦争の外に置くべく交渉しました。これは成立しませんでした。証拠はマーシャル将軍が戦時中、アメリカ大統領に対する年次報告において、日独両国の間に軍事協同はなかったことを述べている事実を証明いたします。

日本の諸計画は防禦が目的

一九四一年秋以前の日本の計画経済、陸海軍備はすべて防禦的であります。また太平洋戦争を予期して立てられたものではありませぬ。米英の海軍と日本の海軍の比較並びに日本海軍の年次計画はそれ自身、非侵略的のものであることを決定的に証明いたします。

検察側はわが海軍が委任統治領を要塞化し、これに基地を設けたと主張されるのであります。しかしこれは事実でありませぬ。要塞とは陸海空よりする攻撃に対抗する一定の防備施設のあることを必要とします。基地とは艦隊に対する補給施設のあることを必要といたします。この島々に当時施設されましたものは、条約上許可されるべき交通通信の平和的な施設ないしは海軍がその付近に演習用として設けた一時的施設に過ぎなかったのでありまして、すべてこれは許さるべきものであったのであります。

残虐事件および俘虜虐待事件

残虐事件及び俘虜虐待に関しては、被告人中の多くの者は法廷において発表せられるまではこれを知らなかったのが事実であります。被告中の他の者はこれを知ったとしても、これを制止する権能を持っておりませんでした。さらに他の者はこれを制止するため、またこれを知った場合にこれを処罰するに全力を尽くしました。また証拠は犯行が行なわるる以前にこれを止める有力手段のなかったことも証明するでありましょう。さらにこれはいかなる被告も残虐事件につき共同謀議をなしたり、命令を下したり、授権をしたり、許可したことはなく、この点に関する戦争法規慣例を故意にまたは、無法に法律上の義務に反して無視した者のないことを証拠をもって提出するでありましょう。

太平洋戦争の原因（自衛）

われわれは今太平洋戦争の原因自身を証明する段階に到達いたしました。これは慎密かつ重要なる研鑽を必要といたします。われわれはこれが真に日本の生存のためにやむにやまれぬ事情の下に、自衛権を行使するに至ったことを証明するでありましょう。裁判所のご注意を乞いたいのは、日本は一九三七年以来、心ならずも中国との間に戦争にも比すべき大きな闘争状態、しかも各国よりは戦争として認められていないものに捲き込まれていた事実についてであります。

日本は第三国においては、当然この特殊の状態を承認して下さるものと期待しておりました。一九三九年天津事変に端を発しまして、日英交渉をなした結果、イギリスは前に言及したように同年七月二十二日に、わが国との間に共同声明を発して、大規模の戦闘行為進行中なる中国における現実の事態を承認する旨を声明したのであります。ワシントン政府がこの声明をどう了解したのかわがほうにおいては不明であるが、しかしながら一九三九年七月二十六日に、突如一九一一年以来、両国通商の根本であった日米通商航海条約廃棄を通告したのであります。これより両国間の誤解はだんだん増大していったのであります。爾来、アメリカはわが国に対し種々なる圧迫と威嚇を加えて来たのであります。

(一)　経済圧迫

その第一は経済的な圧迫でありました。

その第二はわが国が死活の争いをしている相手方蒋介石政権への援助であります。

その第三はアメリカ、イギリス及び蘭印が中国と提携して、わが国の周辺に包囲的体形をとることでありました。以上三つの方法は一九四〇年以来逐次用いられ、ますます強度を加えて来ました。第一のわが国に対する経済圧迫の標本をあげてみますと、

(1)　アメリカは一九三九年十二月には、モーラル・エンバーゴーを拡大しまして、飛行機、その装備品、飛行機組み立て機械並びにガソリン精製の機械を禁止品目に追加して来ました。

(2) アメリカ政府は一九四〇年七月中にはわが国に対し屑鉄の輸出禁止を行ないました。屑鉄は当時わが国のとっていた製鉄法から見て極度に必要なるものであります。その禁止はわが国の基本産業に重大打撃を与えました。

(3) 同年八月にはアメリカは航空用ガソリンの輸出を制限しました。日本は全体として年に五百万トンの石油の供給を受けなければなりませぬ。これは国民生活上及び国防上の必要の最小限であります。しかるにわが国産の石油は非常に大きく見積もって年三十万トンを出ぬのであります。この間の不足は海外よりの輸入により補うのほかはありませぬ。そこでわが国は東亜における唯一の石油の供給国でありました蘭印に対し、小林商工大臣を派遣し、のちまた芳沢大使を派遣し、交渉を続けようといたしましたけれども、ついに商談は不調に陥って、これらの努力は水泡に帰したのであります。これは蘭印が米英と通じての態度であると了解せられております。

(4) これと同様の妨害は仏領印度支那及びタイの当局よりも実施せられました。すなわちわが国の正常なる必需品、米の輸入及びゴムの輸入は妨害されたのであります。

(二) 蔣介石援助

第二の蔣政権への援助はどうであるか、一九四〇年十一月三十日のわが国と汪政権との日華基本条約締結に対して、明らかに報復の意味をもってアメリカは重慶に対して五千万ドルの追加借款を供与し、さらに別に法幣安定資金として急速に五千万ドルを提供することが考慮せられつつあると発表し、イギリス政府も十二月十日には一千万ポンドの供給を発表しました。イギリスの重慶に対する武器供給はいわずもがな、一九四〇年、雨季明けにはイギリスはビルマ・ルートを再開して直接、武器、軍需品をわが国の当時敵としております蔣介石政権に供給したのであります。仏領印度支部も重慶への供給路として使用せられました。加うるに一九四一年に武器貸与法が中国に適用せられることとなったのであります。われわれはこれらの事実を証する直接の証拠を提出いたします。

(三) 包囲的体形

ここにわれわれは第三点、日本の周囲に数か国によって張りめぐらされた鉄環のことに到達いたします。一九四〇年十二月には、アメリカ太平洋艦隊の主力をハワイに集中いたしました。すなわち対日示威が行なわれたのであります。イギリスは同年十一月十三日、シンガポールに東亜軍司令部を新設いたしました。マライ、ビルマ、香港をその総司令官の指揮下におき、豪州及びニュージーランドとも緊密に連絡をいたし、東亜英領の総合的軍備の大拡張の実施に着手したのであります。この間、米英蘭支の代表は引きつづいて急速に各所において連絡をいたしております。

ことに一九四一年四月マニラにおけるイギリス東亜軍総司令官、アメリカの比島駐在高等弁務官、米国アジア艦隊司令長官、オランダ外相との会談はわがほうの注意を引いたのであります。同年六月中旬にはシンガポールにおいて英・蔣軍事会議が行なわれたのであります。

これらの詳細は証拠によりこれを証明いたします。

日米交渉

これらの急迫した諸表現に対処して、日本政府は緊急の災害を避くるために、各種の手段を採用しました。すなわち一九四一年春以来、在米日本大使は悲しむべき緊張が終了して、日米の関係を円滑にするため最善の努力をせよ、と要請せられたのであります。大統領と日本大使との会見及び国務長官と日本大使との交渉は数十回に及んでおります。東京政府はなんとか平和的妥結をみたいとあらゆる努力を集中いたしました。日本の総理大臣は、アメリカ大統領に太平洋のどこかで直接会見をして事を一挙に解決せんとしたのであります。この目的のためにアメリカへ大使を増派したこともありました。

また七月中旬にはアメリカとの交渉を遂げるためというので、内閣を変更したのであります。これは独立主権国として外交の必要上なし得べき最後の措置であります。しかしすべての努力は何らの効果もなかったのであります。

在米資産凍結

一九四一年七月二十七日には、アメリカ政府はわが国の在米全資産の凍結を行ないました。これはわが国の仏印への平和派兵を誤解しての措置であります。イギリス及び蘭印も直ちにこれに倣いました。わが国とイギリス及びオランダとの間には、通商航海条約は当時現存いたしておりました。したがってイギリス及びオランダの日本資産凍結令は、この条約に違反してなされた違法なものであります。

　裁判所の許可を得て申し上げたいことがあります。元来わが国は国内生産のみにては全国民を養うことはまったく不能であります。したがって貿易によって国民生活必需品を輸入するのほかは、内地在住者の生命を維持するの手段はないのであります。

　米、英、蘭の資産凍結によってわが貿易の半ば以上は失われ、過去八十年間の営々たる労苦は一空に帰してしまいました。これが、正当にまた違法に米、英、蘭によって実行せられました資産凍結の結果であります。日本国民の不可侵の生存権はここに奪われたのであります。ちょうどその時アメリカは七月二十四日の野村大使に対する通告通りに、八月一日に石油輸出禁止を発令いたしました。日本の海軍は現在貯蔵の油を消費した後は移動性を喪失いたします。支那事変は事実上解決不能となります。わが国防は去勢せられたこととなります。ここに自衛権の問題は冷ややかな現実問題として全国民の眼前に姿を現わして来たのであります。しかもそれは即座の解決を要することであります。

　一言にして言えば、自衛権成立の基礎的事実はこの時期に十分に完備したのであります。しかしながら日本はこの時においても、直ちにこの自衛権を行使しませんでした。それとは反対に、忍ぶべからざるを忍んで、なんとか戦争の原因となりうるものを取り除こうと努力したのであります。この間の努力は有力にしてかつ信憑力強き証拠をもって証明せられます。

十一月二十六日米よりの通告

日本の平和への願望、日本の真摯なる努力はついに実を結びませぬ。一九四一年十一月二十六日のアメリカの通告は、以上の自衛権構成事実のただの一つをもこれを除くことの不可能であること明白疑いなきものといたしました。ここにおいて日本の政府は部内の各機関の意見及び観察を徴し、最大の注意を払い、ついに自衛権の行使をなすのほかなきに立ちいったのであります。

十二月一日の決定

それは十二月一日でありました。ただし開戦の現実の期日を決定した後でも、軍令には最後の瞬間までこの急迫事情の一つにても取り除かれ、アメリカとの関係妥結が成立すれば、すべて従前の指令を撤回するの条件が付してありました。この場合には連合艦隊は近海に帰り戻って来るのであります。検察官はわが国の開戦意思の通告に欠くるところがあるため、犯罪を構成するという意見を立てておられます。弁護人はこの点につき次の事実を主張し、かつ立証するでありましょう。

対米覚え書き交付の経緯

まずわが国の通告書の交付の時間並びにその経緯について、次のことを証明いたします。

一九四一年十二月六日（ワシントン時間）には東京外務省はワシントンの日本大使に対し、英文の対米覚え書きを決定した旨通告いたしました。そしてこれをアメリカ側に提示する時期については別に電報するであろうが、電報到着のうえは何時にてもアメリカ側に交付しうるよう文書の整理その他万端の整備をなしおくようにこの電報は命じているのであります。これらの電報はすべてアメリカ側に傍受せられているのであります。

　右通告文は十四部に分かたれておりますが、その内、十三部は六日夜にワシントン大使館に到着しております。アメリカ側はこれをも傍受し、六日午後九時半ごろに大統領はこれを読んでおります。最後の第十四部もまた十二月七日にアメリカ側で傍受しております。この部分の到着と前後して、重要なる通告交付の時間を指定した電報が大使館に到着しております。その時間は同日午後一時であります。

　そこで野村大使は右交付のために、国務長官コーデル・ハル氏に午後一時に面会するの約束をしたのであります。この約束通りに、この通告が一九四一年十二月七日午後一時に交付されておりましたならば、この交付はワシントン時間に換算して午後一時二十五分に始まった真珠湾その他の攻撃よりも前になるのでありました。

　しかし大使館における電報の解読と印字に時間をとりまして、検事立証のごとくに実際は野村大使は二時に国務省に到着したのであります。二時二十分に通告書を交付したのであります。野村大使が国務省到着後、直ちに通告書を交付し得たならば、真珠湾攻撃後三十五分となります。二十分待たされたがため、これが五十五分の遅延を生じました。

東京政府は七日午後一時、すなわち軍隊の作戦開始より半時間前には安全に通告文の交付ができるように電報の大部分を前夜に電送し、ごくわずかな部分がその日の午前に到着するよう発送したのであります。もし事務が順調に行っていたならば、この通告は予期の通りに攻撃前に交付し得られたでありましょう。ただ東京においては、支配することのできない出来事によって交付は遅れました。この事実を弁護人は適当なる場合に正確に証明いたします。

真珠湾は不意打ちにあらざる証拠

なお真珠湾攻撃が不意打ちでなかったことについて、貴裁判所のご判断の資料として役立つであろう次の事実を証明します。

アメリカ国務省の当局は一九四一年十一月二十日付けをもって、日本がアメリカ政府に交付しました通告を最後的のものとみなしております。二十六日以後は全事件を軍当局の手にゆだねた。すなわち一九四一年十一月二十七日朝、国務省の最高当局は日本との関係事項は陸海軍の手中にあると述べております。そして同日に海軍作戦部長及び陸軍参謀総長は、ハワイ地区の軍隊に対して――戦争警告ウォー・ウォーニングを送っております。

前にも述べたごとく、アメリカ当局は十二月六日夜には最終部分を除いた日本の通告を解読しました。最終部分は十二月七日早朝に解読し、大統領は同日午前十時にはこれを受け取っております。

アメリカ陸軍省、海軍省は共に外交関係断絶の近きにあることを示す通信を入手し、推測により攻撃の急迫していることは予知し得ているのであります。ハワイ地区司令部は、日本をして最初の公然たる攻撃をさせるように導くべしということは、その防禦を危険ならしむる行動を制限するという意味ではないとの訓令を受け取っております。また同司令部は日本の攻撃前に偵察を実行すべしとの指令も受け取っております。そこで十二月七日午前六時三十三分より六時五十五分までの間（ハワイ時間）アメリカ海軍がハワイ近海において日本の小型潜航艇を撃沈したのは怪しむに足りませぬ。明瞭であります。われわれは十二月七日の午前七時五十五分（ハワイ時間）における真珠湾攻撃が、サープライズ・アタクではなかったことを証明するため、小型潜水艦撃沈の事実を引用するのであります。

対米通告はハーグ条約第三にあたる

検事はさらに右問題たる日本の通告文は、ハーグ条約第三に規定せられた理由を付した開戦宣言に該当せざるものなりと論じております。およそ文書の解釈は単にその字句だけではなく、これが作成せられた時の状態を注意深く秤量《ひょうりょう》したうえでなされねばなりませぬ。またかくのごとき文書は常に用語や章句のみでなく、これを全体として解釈すべきであります。

当時の空気より見れば、アメリカ当局のある者は前述のごとく、十一月二十六日以後においてはもはや問題は、政府当局の手を離れて軍に移ったと言っている。日本の外交文書はきわめて長文で二千六百語に及んでおりますが、これを一体と見ねばなりませぬ。その内にはアメリカの態度を非難し、日本が軍事行動をとるのほか方法がないことを明白にしておりま

す。すなわち、日本がアメリカの態度を了解することは困難なりと述べた後に、右通告文は次のごとく記載しております。いわく

「世界の平和は現実に立脚しかつ相手方の立場に理解を保持した後、受諾しうべき方途を発見することにおいてのみ実現しうるものにして現実を無視し一国の独善的主張を相手国に強要するの態度は交渉の成立を促すゆえんのものにあらず」。いわく「合衆国政府はその自己の主張と理念に魅惑せられ、自ら戦争拡大を企図しつつありと言わざるべからず」。いわく「合衆国政府はその固持する主張において武力による国際関係処理を排撃しつつある一方、イギリス政府その他と共に経済力による圧迫を加えつつあり。かかる圧迫は場合によっては武力圧迫以上の非人道的行為にして、国際関係処理の手段として排撃せらるべきものである」。いわく「合衆国政府が帝国に対し要望する所は（中略）いずれも支那の現実を無視し、東亜の安定勢力たる帝国の地位を覆滅せんとするものである。アメリカ政府のこの要求は前記援蔣行為停止の拒否と共に、合衆国政府が日支間に平和状態の復帰及び東亜平和の回復を阻害するの意思あるものなることを立証するのである」。

これを要するに、通告の上記部分は、日本はさらに交渉を続くるの希望を失い、真に自衛のため最後の手段をとるのもやむなきように追い詰められたことを明白にするのであります。

一九四一年十二月六日夜に、日本の通告の第十三部分までが大統領に達した時でさえも、彼はこれを読んで「これは戦争を意味する（This means war）」といっております。

通告文の最後の部分においては「日米の国交を調整し、アメリカ政府と相携えて太平洋の

平和を維持確立せんとする帝国政府の希望はついに失われたり。よって帝国政府はここに合衆国政府の態度に鑑み、今後交渉を継続するも妥結に達するを得ずと認むるのほかなき旨を合衆国政府に通告するを遺憾とするものなり」とあるのであります。

これは外交関係断絶の通告と同一価値であります。また当時存在していた緊迫した情勢からみれば、疑いもなく日本が戦争を開始せんとする意思の表明であります。

必要なる各種の制限によりまして、私のこの陳述では最も重要なる争点のみに言及しただけであります。その他に多数のほかの事項が残っておりますが、これらは、前に申し上げました通り、他の部門の初めに行なわるべき劈頭《へきとう》陳述に譲ります。

結語

裁判長閣下並びに裁判官各位、私はここに私が被告のためになした長き陳述に対し、公正にお聴き取りを賜わりましたご寛大とご忍耐に対し、深き感謝の意を表します。

われわれは今後多数の証拠を提出いたします。

われわれはこれは貴裁判所の信用とご考慮を賜わるべきものと確信しております。

われわれがここに求めんとする真理は、一方の当事者が全然正しく、他方が絶対不正であるということではありませぬ。人間的意味における真理は、往々人間の弱点に包まれるものであります。われわれは困難ではありますが、しかし、公正に、近代戦争を生起しました一層深き原因を探求せねばなりませぬ。平和への道は現代の世界に潜在する害悪を根絶するにあります。近代戦悲劇の原因は人種的偏見によるのであろうか、資源の不平等分配により来るのであろうか、関係政府の単なる誤解に出ずるのか、裕福なる人民、または不幸なる民族の強欲、または貪婪《どんらん》にあるのであろうか、これこそ人道のために究明せられねばなりませぬ。起訴状によって示されたる期間中の戦争ないし事変の真実にして奥深き原因を発見することにより、被告の有罪、無罪が公正に決定されるのであります。これと同時に、現在、または将来の世代のために恒久平和への方向と努力の方途を指示するでありましょう。

終わりであります。

後記

昭和四十一年七月某日、読売新聞の文化部記者が私を事務所にたずねてきて、終戦時や東京裁判の思い出を書いて下さらぬかとの申し出があった。私は心のなかで、私は今日いう文化人でもなければ、進歩主義者でもないから、これは場ちがいの申し出であると感じ、一応辞退したのであるが、文飾などにはお構いなく、ともかく、当時あったことで、世人がよく知らない部分を、ありのままでよいからぜひ執筆願いたいと言われるので、取りあえず四、五回分の回顧録のようなものを作り上げた。しかし、重ねてこれだけではこまるというので、十回分を書き足した。私のつけた原標題は「東京裁判の思い出」というのであったと記憶する。

しかるにここに不思議なことが起こった。この回顧録、四、五回が終わるころの夕方、同じ読売の出版局の記者が来て「あの『秘録・東京裁判』は非常な反響があるのです。すんだらまとめて出版させてもらいたい」という意外の申し出があった。また文化部のほうからも、せめて三十回ぐらいまでは続けてほしいという要求があった。

これに対し、私は何とも確答を与えず、関西方面に旅行に出かけた。ここにまた不思議なことには、旅行先でもこの文章につきたびたび話題がもち出され、またもちっとお続けになるのですかとか、友人中の国会議員の諸君からは、われわれはいちずに日本は無条件降伏をしたのだと思っていたが、君（清瀬）の文を読んで見れば、日本は無条件降伏をしたのではない。よくわかった。まだその上に連合国自身も無条件降伏要求を緩和して、条件的降伏要求のような言辞を弄し、日本上陸作戦による犠牲を避けようとした。このことがも少し早くわかっておれば、われわれの進駐軍に対する応対のし方もあったのであった。残念なことをした。などとの感想を付加せられた。

こんなことがあったから、出版局から非常な反響があったというのは、まんざら嘘でもあるまいと思い、東京に帰ってから文化部に「それなら五十回まで、つづけてみよう」と返事した。この約束に従って、八、九、十、十一月の四か月にわたり書きつづけ、十二月初めに第五十回と、補遺一回とを稿了した。

何分二十年も前のことであるので、日付けの前後、問答の内容、引用文書の文句などを確かめなければならぬので、当時の英文、和文の速記録にあたって見る等、多少研究的態度で取り調べねばならぬ場合も出て来た。判決宣告日の被告の表情、わけても東条元大将のおもかげについては、私の筆で描けば不公正の謗《そしり》を免れぬと思い、ことさらに友人菅原裕君に交渉し、同君の文章そのままを拝借した。私が筆の労を省くためにした措置ではない。以上のごとき配慮からしたことである。

私の原稿のうち、昭和二十年九月十一日、東条自決の章で、私は前夜、当時の陸軍大臣、下村定氏が用賀の東条邸にきたり、自決の決心を翻すよう勧告したと書いたところ、下村定氏よりことづけがあり、前夜自分が東条邸に行ったのではなく、前日、東条元大将が、陸軍省へ来られたのであり、なおこのときの東条氏と下村氏との対話の内容についても訂正せられたいから「秘録」出版の際にはこれを訂正するよう約束した。なお自決の際に残された遺言または声明文の発見や、その確認については補遺の一文中に述べた通りである。

私が原稿を続けている最中、後日編集、発行せられるや否やについて問い合わせられた人人のうち、学生の方が相当あることがわかった。これも一つの不思議である。だいたい今日の学年諸君は戦争反対であると思う。坊主憎けりゃ袈裟《けさ》まで憎いの譬《たと》えのごとく、戦争、わけても太平洋戦争には反感を持っている青年は東京裁判自身、その被告人等に対して興味を示さないものときめてかかった私どもが、かえって誤った先入主に陥っていたことを後悔せねばならぬ。

「秘録・東京裁判」の各章はまったく独立の短編として書かれた。本来これは思い出の記である。本として出版されるとき、多少時間的の前後、題意の関連を考え、順序をつけ、総括的の標目を付した。これは、かえって趣味をそぎ、本来のままの思いつき次第、無順序のほうが良かったかも知れぬ。

いずれにするも本書は第一章、第二章と順を追うて読む必要はない。本書を手にせられる人は、本が開いたらどこでも開いた章を読まれれば足りる。その章を読了せられたら、また随意の方法で本を開きその章を読む。以下、何回でもそのようにせられれば可なり、である。

終わりに付記すべき一事がある。今を去る十八年の昔、昭和二十三年の十二月末（ちょうど七被告死刑執行のあと）、読売新聞社より、東京裁判の顚末につき執筆せられたしとの切なる申し出があった。その時、私は断然、これを断わった。あるわけがあるから、東京裁判については執筆しないと決心していると申し上げた。それなら、東京裁判については執筆しないわけを書いてくれとの申し出であった。そこで私は「東京裁判のことを書かざるの記」というような題で一文を草した。

連合国はみな自由主義を標榜している。自由主義のうちには法廷における言論の自由をも重要事項として包含している。法廷なればこそ連合国の違法も、わが国の自衛権も、正々堂堂、だれはばからず主張することができた。いかに耳ざわりでも、とにかく、これを許さねば道理が立たぬ。法廷以外では、その半分の主張も許されぬ。そのことは当時の占領政策の実際としてわかっている。現に毎日の法廷記事許可の限度でわかっている。今、読売新聞の申し出により、私が正直に、良心的の記事を書けば、新聞の発売禁止は必然であり、なおその外の災害を伴うかも知れぬ。

さらばとて、これを避けるため緩和的言辞を弄すれば、これを読む世人は、私が弁護団副団長であったため、私の書いたことを本当かと思うことが必定である。それゆえ、日本がこの体制（占領政治下）にある限り、東京裁判のことは書かぬように決心したという主意である。読売新聞社ファイル中、昭和二十三年十二月末にこれが残っているはずである。

しかし思ったより早く、日本も独立を回復し、今日十八年前の読売の申し出の一端に応ずることのできたのは、うれしいようでもあり、また悲しいようでもある。

昭和四十二年一月

清瀬一郎

『秘録　東京裁判』昭和四十二年三月、読売新聞社刊

中公文庫

秘録《ひろく》　東京裁判《とうきょうさいばん》

1986年7月10日　初版発行
2002年7月25日　改版発行
2021年8月30日　改版10刷発行

著　者　清瀬《きよせ》 一郎《いちろう》

発行者　松田 陽三

発行所　中央公論新社
〒100-8152　東京都千代田区大手町1-7-1
電話　販売 03-5299-1730　編集 03-5299-1890
URL http://www.chuko.co.jp/
ＤＴＰ　ハンズ・ミケ
印　刷　三晃印刷
製　本　小泉製本

Published by CHUOKORON-SHINSHA, INC.
Printed in Japan　ISBN978-4-12-204062-5 C1120

中公文庫既刊より

各書目の下段の数字はISBNコードです。978-4-12が省略してあります。

あ-1-1
アーロン収容所
会田雄次
ビルマ英軍収容所に強制労働の日々を送った歴史家の鋭利な観察と筆。西欧観を一変させ、今日の日本人論ブームを誘発させた名著。〈解説〉村上兵衛
200046-9

い-65-2
軍国日本の興亡 日清戦争から日中戦争へ
猪木正道
日清・日露戦争に勝利した日本は軍国主義化し、国際的に孤立した。軍部の独走を許し国家の自爆に至った経緯を詳説する。著者の回想「軍国日本に生きる」を併録。
207013-4

い-103-1
ぼくもいくさに征くのだけれど 竹内浩三の詩と死
稲泉連
映画監督を夢見つつ23歳で戦死した若者が残した詩は、戦後に蘇り、人々の胸を打った。25歳の著者が、戦場で死ぬことの意味を見つめた大宅壮一ノンフィクション賞受賞作。
204886-7

い-108-6
昭和16年夏の敗戦 新版
猪瀬直樹
日米開戦前、総力戦研究所の精鋭たちが出した結論は「日本必敗」。それでも開戦に至った過程を描き、日本的組織の構造的欠陥を衝く。〈巻末対談〉石破茂
206892-6

い-122-1
プロパガンダ戦史
池田徳眞
両大戦時、熾烈に展開されたプロパガンダ作戦は各国でどのような特徴があったか。外務省で最前線にあった著者による今日に通じる分析。〈解説〉佐藤優
206144-6

い-130-1
幽囚回顧録
今村均
部下と命運を共にしたいと南方の刑務所に戻った「聖将」が、理不尽な裁判に抵抗しながら、太平洋戦争を顧みる。巻末に伊藤正徳によるエッセイを収録。
206690-8

い-131-1
真珠湾までの経緯 海軍軍務局大佐が語る開戦の真相
石川信吾
太平洋戦争へのシナリオを描いたとされる海軍軍人が語る日米開戦秘話。日独伊三国同盟を支持し対米強硬を貫いた背景を検証。初文庫化。〈解説〉戸髙一成
206795-0

各書目の下段の数字はISBNコードです。978－4－12が省略してあります。

の-2-3
海軍日記　最下級兵の記録
野口冨士男
どこまでも誠実に綴られた、横須賀海兵団で過ごした一九四四年九月から終戦までの日々。戦争に行くはずのなかった「弱兵」の記録。〈解説〉平山周吉
207080-6

の-3-15
新編「終戦日記」を読む
野坂昭如
空襲、原爆、玉音放送……あの夏の日、日本人は何を思ったか。文人・政治家の日記を渉猟し、自らの体験を綴る。戦争随筆十三篇を増補。〈解説〉村上玄一
206910-7

の-16-1
慟哭の海　戦艦大和死闘の記録
能村次郎
世界最強を誇った帝国海軍の軍艦は、太平洋戦争を通じてわずか二度目の出撃で轟沈した。生還した大和副長が生々しく綴った手記。〈解説〉戸高一成
206400-3

ほ-1-1
陸軍省軍務局と日米開戦
保阪正康
選択は一つ——大陸撤兵か対米英戦争か。東条内閣成立から開戦に至る二カ月間を、陸軍の政治的中枢である軍務局首脳の動向を通して克明に追求する。
201625-5

ほ-1-18
昭和史の大河を往く5　最強師団の宿命
保阪正康
屯田兵を母体とし、日露戦争から太平洋戦争まで、常に危険な地域へ派兵されてきた旭川第七師団の歴史を俯瞰し、大本営参謀本部の戦略の欠如を明らかにする。
205994-8

や-59-1
沖縄決戦　高級参謀の手記
八原博通
戦没者は軍人・民間人合わせて約20万人。壮絶な沖縄戦の全貌を、第三十二軍司令部唯一の生き残りである著者が余さず綴った渾身の記録。〈解説〉戸部良一
206118-7

よ-38-1
検証　戦争責任（上）
読売新聞戦争責任検証委員会
誰が、いつ、どのように誤ったのか。あの戦争を日本人自らの手で検証し、次世代へつなげる試みに記者たちが挑む。上巻では、さまざまな要因をテーマ別に検証する。
205161-4

よ-38-2
検証　戦争責任（下）
読売新聞戦争責任検証委員会
無謀な戦線拡大を続けた日中戦争から、戦後の東京裁判まで、時系列にそって戦争を検証。上巻のテーマ別検証もふまえて最終総括を行う。日本人は何を学んだか。
205177-5